Paris

1854

Damiron, Jean-Philibert

Mémoire sur Helvetius

INSTITUT IMPÉRIAL DE FRANCE.

MÉMOIRE

SUR

HELVÉTIUS,

Par M. DAMIRON,

Lu dans les séances des 6, 13, 20 et 27 novembre, 18 et 29 décembre 1852, 8 et 15 février 1853.

(EXTRAIT DU TOME IX DE L'ACADÉMIE DES SCIENCES MORALES ET POLITIQUES.)

PARIS,

TYPOGRAPHIE DE FIRMIN DIDOT FRÈRES,

IMPRIMEURS DE L'INSTITUT, RUE JACOB, 56.

—

1854.

MÉMOIRE

sur

HELVÉTIUS,

Par M. DAMIRON,

Lu dans les séances des 6, 13, 20 et 27 novembre, 18 et 29 décembre 1852, 8 et 15 février 1853.

BIOGRAPHIE.

Si l'on suppose quelque unité dans cette suite de *mémoires*, consacrés à l'histoire de la philosophie au XVIIIe siècle, on ne s'étonnera sans doute pas qu'après avoir successivement parlé de Delamettrie, de d'Holbach et de Diderot, je m'occupe aussi d'Helvétius, et que je lui donne sa place dans une école dont il est avec eux un des principaux représentants. On s'y attendra même d'autant mieux que son livre, plus fait pour le commun des lecteurs, pour les esprits faciles et légers, pour les jeunes gens et les femmes, en un mot pour le monde, a été, s'il n'est resté, un ouvrage plus recherché, plus goûté de ceux auxquels il était particulièrement adressé.

I

Homme du monde en effet avant tout, à demi financier, à demi grand seigneur, amateur en philosophie plutôt que philosophe, ambitieux de tous les succès, y compris les moins sérieux, ce n'est pas pour les penseurs éminents de son temps, et avec leur adhésion, qu'Helvétius a écrit; ce n'est pas par exemple pour Voltaire, Frédéric, Rousseau, Buffon et Turgot, qui tous s'expriment à cet égard en termes plus ou moins sévères; ce n'est pas même pour Diderot, qui ne lui est pas au fond plus doux; c'est pour un autre ordre d'intelligences, c'est pour toute cette société frivole, insouciante, enivrée de plaisirs, crédule à qui la flatte et lui dit son secret, sans trop l'en faire rougir, et même en y applaudissant. Là est son crédit, qui à ce titre assurément n'est pas des mieux fondés, mais qui n'en demande pas moins à être pris en une certaine considération.

Helvétius a sans doute assez peu des grandes parties de l'écrivain. Auteur d'un livre, de deux livres, si l'on veut, mais l'un contient déjà l'autre, qui prétendent à la philosophie, il y a chez lui plus de rhétorique que de logique, plus de peintures, et qui ne sont pas toutes de choix, loin de là, que de raisons et de démonstrations, plus d'anecdotes sans valeur que de faits certains et probants, plus de paradoxes et de lieux communs que de vues neuves et originales : ce qui a pu faire dire à un de ses critiques, dont il serait difficile de désapprouver le jugement, qu'il n'a qu'une métaphysique superficielle, une morale d'opéra et une érudition de petit-maître (1).

---

(1) De Lignac, *Examen sérieux et comique du livre de l'Esprit*, 2ᵐᵉ partie, p. 3o3.

Ce n'est donc pas un homme d'une grande famille en philosophie. Il n'est pas de celle de Descartes, cela va sans dire ; il n'est pas même bien de celle de Locke, quoiqu'il en développe, ou plutôt quoiqu'il en pousse à l'excès certains points de doctrine ; mais il n'a surtout pas de ce dernier maître l'esprit général, la méthode, la modeste et ferme sagesse. On a voulu en faire un descendant de Montaigne. C'est là une complaisance et une illusion de l'amitié ! Assurément chez lui aussi la philosophie est plus de *fuite* que de *suite*, elle est plus du moraliste et de l'homme du monde que du métaphysicien et du logicien ; mais elle n'y est pas avec cette naïveté piquante et vive, avec cette fleur d'imagination, ce ton naturel et simple, cette riche nature et cette culture originale, si on me permet de le dire, qui caractérisent l'auteur des *Essais*, et le rendent inimitable. Helvétius n'est rien de tel. S'il tient au fond de quelqu'un, c'est, qu'on me passe l'expression, de ce personnage un peu commun qu'on a nommé tout le monde, et qui, quoi qu'on en ait dit, n'a pas plus d'esprit que Voltaire, ou tout autre nom du même ordre, car il ne s'élève pas au génie. Ce personnage, Helvétius en est volontiers le disciple ; il l'écoute, il le répète, il ne le dépasse guère, et ne mêle jamais aux pensées qu'il en reçoit ce quelque chose de supérieur et de neuf que les hommes éminents ne manquent pas d'y ajouter : il n'en est guère qu'un écho, et un écho qui déclame.

Et cependant il a son art d'intéresser, de captiver, ou plutôt de capter les âmes ; il n'est pas précisément éloquent, on ne peut guère l'être avec la cause qu'il défend ; mais il est insinuant, caressant et pressant ; il ne manque pas d'habileté pour se faire une clientèle qui ne se compose, il est vrai,

ni des esprits les plus fermes ni des cœurs les plus purs. Il a
du séducteur, un peu grossier en ses moyens, mais non sans
une certaine facilité de se concilier sinon des admirateurs,
du moins des sectateurs. Il a eu sa vogue en son temps, et
serait-ce bien téméraire que de dire qu'il ne l'a pas tout à
fait perdue dans le nôtre?

Sous ce rapport, il n'est peut-être pas sans utilité d'en
faire, même après bien d'autres, une étude particulière, en
ayant soin surtout de profiter avec choix de ce qu'il y a de
meilleur dans les différents travaux dont il a été le sujet.

Avec un homme tel qu'Helvétius, il ne saurait être sans
intérêt de le connaître dans sa vie avant de le suivre dans
ses ouvrages; c'est le moyen de lui rendre meilleure et plus
complète justice; c'est aussi jusqu'à un certain point celui de
le mieux comprendre. Il se rencontrera d'ailleurs dans sa
biographie plus d'un trait bon à recueillir pour l'histoire
littéraire du XVIIIe siècle.

Helvétius était fils et petit-fils de médecin, et sa famille,
originaire du Palatinat, puis réfugiée en Hollande, s'était
enfin établie en France. Son père était médecin de la cour;
il avait dû cette faveur à la résolution avec laquelle, appelé
en consultation pendant une maladie du jeune roi Louis XV,
il avait soutenu et fait prévaloir son avis, comptant sur un
succès, qui en effet ne lui manqua pas. Il était fort bienveillant, fort charitable, et aussi empressé dans ses soins auprès
des pauvres, qu'il aimait, qu'auprès de l'illustre société
qui le recherchait. La mère d'Helvétius, de son côté, était
pleine de douceur et de bonté, et s'associait de cœur à tous
les sentiments de son mari. De tels parents la bienfaisance

devait couler comme de source dans l'âme de leur enfant : aussi ne faillit-il pas à cette origine.

Il naquit à Paris, en 1715, au vrai commencement du XVIIIe siècle, car les années précédentes appartiennent encore au XVIIe, qui n'expire réellement qu'avec le grand roi dont il a reçu le nom. Helvétius date de la Régence ; je n'en fais pas la remarque, afin de tirer de ce fait aucune conséquence trop précise ; mais il est du moins à observer que c'est l'esprit nouveau qui désormais va régner à peu près sans partage, et surtout gouverner toutes les intelligences qui, comme celle d'Helvétius, ne sont que trop disposées à le suivre.

L'enfance de notre auteur n'eut rien de bien particulier. Élevé d'abord avec toutes sortes de soins auprès de ses parents, il paraît y avoir été assez mal préparé à cette autre discipline, un peu plus virile, un peu autrement paternelle, qui tient déjà de la vie publique, et qui est la loi du collége. Aussi, quand des mains de son père et de sa mère, quand de celles du bon M. Lambert, son précepteur, il passa dans celles des régents, et qu'à la place de l'autorité toute d'amour et d'affectueuse sollicitude des uns il eut à suivre la direction nécessairement moins douce, moins indulgente et moins attentive des autres, il en souffrit, et même assez long-temps languit dans une sorte d'apathie physique et morale à la fois. Cependant il eut son jour aussi où il se réveilla. Il le dut au P. Porée, professeur consommé, qui, bienveillant et habile, sut par ses encouragements, ses éloges, ses adoucissements bien ménagés à la sévérité de la règle commune, le tirer de cet état d'engourdissement. et aussi de sourde révolte, auquel il se laissait trop aller,

et l'excita, l'anima, lui inspira le goût des lettres et le désir
du succès.

Le P. Porée, successeur, dans la chaire de rhétorique
du collége de Louis-le-Grand, du P. Petau, du P. Jouvenci
et du P. Larue, et les continuant en quelque sorte avec un
rare mérite d'enseignement, était un de ces hommes éprouvés
dans leur art, auxquels la nature autant que l'expérience,
une sorte d'instinct moral autant qu'une longue et sérieuse
habitude d'observation donnent le sens et le secret de la
conduite des jeunes gens. Il excellait à les connaître, à les
gagner et à les diriger, du moins tant qu'il les avait sous sa
tutelle. On sait quels sentiments, tout émancipé qu'il fut
bientôt, lui conserva toujours Voltaire. Mais surtout si,
parmi ses élèves, il en était qui, jusque-là méconnus, et,
comme on dit, mal pris, et quoique indolents et abandonnés,
eussent en eux quelque ressort, il excellait à les discerner, à
les recueillir et à développer en eux les germes heureux
qui pouvaient y être cachés. Il n'eut pas à le faire avec
Voltaire, qui était tout trouvé, tout déclaré, et dont la nature de feu éclatait par des traits qui appelaient le calme
et la prudence plutôt que l'inquiète excitation du maître.
Mais il n'en fut pas de même d'Helvétius, jusque-là assez
pauvre écolier. Le P. Porée le rechercha, le soigna comme
une de ces âmes négligées auxquelles il faut une culture un
peu à part; il le vivifia, le transforma, et fut certainement
pour beaucoup dans l'ambition littéraire qu'il montra par
la suite.

Tel fut Helvétius, élève du P. Porée, élève aussi des
jésuites.

Et à ce propos je demanderai à faire une remarque qui

me semble trouver ici convenablement sa place; c'est que si
Helvétius, comme Voltaire, comme Diderot, et pour descendre à de moindres noms, comme Delamettrie et Robinet,
est sorti des mains des jésuites, il ne faudrait pas en conclure qu'il a puisé chez eux l'esprit philosophique, dont
témoignent ses écrits. On jugerait mal ainsi des maîtres et
du disciple. Les jésuites assurément n'étaient pas des rigo-
ristes, il n'étaient pas durs au siècle, ils lui étaient plutôt
accommodants et complaisants, mais dans leur sens toutefois,
afin de l'attirer à eux, et non pour se rendre à lui; et c'était
toujours pour eux, pour leur foi, pour la religion et non pour
la philosophie, pour l'obéissance et non pour l'indépendance,
qu'ils formaient la jeunesse.

D'où vient donc qu'au XVIIIᵉ siècle la jeunesse leur restait
si peu fidèle, leur échappait si aisément, ou même se tournait
contre eux? C'est qu'avec ces instituteurs elle en avait aussi
d'autres; c'est qu'avec ceux de l'école elle avait ceux du
monde; c'est qu'elle avait la famille, la cour, la ville, le
théâtre, les lettres, les mœurs, tout un ensemble de causes
qui concouraient à la diriger dans un autre sens que les
leçons des jésuites. Après l'éducation du collége, il en venait
une autre qui la remplaçait et bientôt l'effaçait. L'enfant
appartenait à peine à l'une; le jeune homme et l'homme
fait appartenaient pleinement à l'autre. En général, ce n'est
guère que dans les temps de croyance et de respect, dans
les temps favorables à l'autorité, que les premiers maîtres
restent les derniers. Dans les temps de liberté et surtout
de licence, ce qu'on a été fait à un âge, on ne persiste pas
à l'être dans un autre, et on ne vit pas précisément comme
on a été élevé. L'école, l'Église elle-même, en désaccord avec

la société, la voient contrarier leurs maximes par les siennes et entraîner les jeunes générations dans d'autres voies que celles qu'elles leur tracent.

Il en fut ainsi en particulier au XVIIIe siècle, et il en sera ainsi de tout siècle où l'esprit de liberté, devenu celui de doute, de division et de confusion, ne laissera aux instituteurs de la jeunesse qu'une prise incertaine et peu durable sur les âmes imparfaitement confiées à leurs soins.

Et pour en revenir à Helvétius, élève au début des jésuites, il le fut ensuite et bien plus de la plupart des hommes éminents de son siècle, de Fontenelle, de Voltaire, de Montesquieu, de Buffon, de Diderot et de plusieurs autres, avec lesquels il se trouva en particulières relations et dont il reçut, outre ces impressions générales qu'il pouvait recueillir de la lecture de leurs écrits, des enseignements plus directs, plus personnels et plus intimes, qu'il dut à son commerce d'amitié avec eux. Il le fut également de ces réunions d'esprits cultivés et polis que formaient autour d'elles, en les marquant de leur caractère, mesdames de Tencin, de Graffigny, Geoffrin, du Deffand, de l'Espinasse, d'Épinay, et de celles à peu près du même genre qui avaient leur rendez-vous régulier dans les maisons de d'Holbach, de Saint-Lambert, de Morellet, de Suard et dans la sienne même; il le fut, en un mot, un peu de tout le monde. Comment dans ces conditions serait-il resté fidèle aux principes de ses premiers maîtres ?

Il sortit du collége avec l'amour des lettres; mais ce ne fut pas là le premier genre de distinction auquel il prétendit, s'il est vrai, comme on le rapporte, que ce fut par l'escrime et la danse qu'il chercha d'abord à briller, et qu'il en vint

même à le disputer dans leur art frivole aux danseurs de
l'opéra, en se mêlant avec eux, dans des ballets, sous le
nom de Javillier.

Ce qui n'était guère non plus dans les commencements
d'un homme de lettres, ce fut son emploi dans la finance.
Ce fermier général de vingt-trois ans, bien fait de sa personne, de belles manières, aimable, fort recherché, fort
répandu, et qui ne perdait rien de ces avantages à les relever
par la richesse, ne pouvait avoir une jeunesse bien sérieuse.
Il l'eut assez mondaine ; je n'ai pas à en donner les preuves,
je dirai seulement d'après Grimm, qui en rapporte plus
d'un trait, que sa liaison entre autres avec une grande
dame, ardente et passionnée, mais athée et éloquente
dans son incrédulité, dut laisser dans cet esprit peu ferme
et facile à entraîner certaines traces durables. Si les grandes
pensées viennent du cœur, les moins bonnes y ont parfois
aussi leur germe. Peut-être Helvétius eut-il dans sa philosophie de cette fâcheuse inspiration.

Ce qui l'honora cependant toujours parmi ces années
de dissipation, ce fut le soin, la délicatesse avec lesquels,
par estime pour les lettres et par sollicitude pour ceux
qui les cultivaient dans la pauvreté, il savait être généreux
et bienfaisant avec eux. C'est ainsi qu'il assura une pension
de deux mille livres à Marivaux, et qu'il y joignit ce procédé qui serait de bon goût, s'il n'était encore plus d'une
belle âme : Marivaux était un excellent homme, mais d'une
humeur assez difficile, et surtout prompt à s'aigrir dans
la dispute. Helvétius le supportait parfois assez mal ; mais
du moment où il l'eut pour obligé, ce fut celui de ses
amis qu'il ménagea le plus : « Comme je lui aurais répondu,

dit-il un jour, si je ne lui avais pas l'obligation d'avoir accepté mes bienfaits. » Saurin n'avait pour toute ressource qu'une place qui ne convenait ni à son caractère ni à ses habitudes d'esprit. Il reçut d'Helvétius une pension de mille écus, qui lui assura indépendance et loisir; et lorsqu'il voulut se marier, son ami le força d'accepter le capital de la pension qu'il lui faisait. L'abbé Sabathier se met au nombre de ceux qui furent secourus par la même main et avec la même bonne grâce, et Thomas célèbre également sa reconnaissance dans des vers qui l'honorent en même temps que le bienfaiteur auquel ils s'adressent. Tous ces traits de bonté, qui ne sont pas d'ailleurs les seuls, nous en rencontrerons plus d'un par la suite, étaient chez Helvétius pleins de simplicité, de réserve et de respect.

Aussi peut-on bien dire qu'ils prouvent pour l'homme contre l'auteur, et pour les sentiments de l'un contre le système de l'autre. Helvétius en effet vaut beaucoup mieux que son livre, et un de ses panégyristes a grand tort de vouloir faire honneur de sa conduite à sa doctrine. Le vrai secret de son âme est non pas dans ses maximes, mais dans ses actes et sa vie.

Et en général il faudrait se garder de penser au sujet d'Helvétius, comme au surplus de plusieurs écrivains du même temps et de la même école, qu'après tout une philosophie qui faisait de tels hommes n'était pas si mauvaise. Elle ne les faisait pas; elle ne les pénétrait pas, elle n'avait pas leur foi intime et familière, elle n'était pas leur vraie règle. Ce qui l'était à leur insu peut-être, et sans qu'ils s'en rendissent bien compte, c'était une tout autre philosophie, d'autres principes, ou du moins des ins-

pirations, des penchants, des dispositions de cœur qui ne
tenaient point aux idées dont ils faisaient profession. Il y
avait en eux un esprit de bienveillance, de tolérance, de piété
pour l'humanité, un peu profane sans doute, mais cependant
généreuse, une libéralité de goûts, une passion des choses
de l'âme, et en tout une certaine spiritualité cachée qui
prévalait sur leurs théories. Leur conscience, si on me passe
le mot, laissait faire, ou plutôt laissait dire leur logique,
mais n'en conservait pas moins sa libre honnêteté! Sans
doute on eût mieux aimé en eux plus de conséquence et de
suite, plus de rapport entre ce qu'ils enseignaient au dehors
et ce qu'ils croyaient et sentaient intérieurement; mais il
n'est pas moins vrai que, la contradiction admise, des deux
éléments opposés entre lesquels ils se partageaient, ce n'était
pas le mauvais, mais le bon, ce n'était pas leur fâcheuse
philosophie qui les faisait ce qu'ils étaient.

Pour Helvétius en particulier, inclination naturelle, éducation, exemples domestiques, tout le portait à la bonté;
pour être bienveillant et bienfaisant, il n'avait en quelque
sorte qu'à être le fils de son père.

Cependant parmi toute cette vie de plaisirs et d'affaires,
il commençait à donner un peu plus à l'amour sérieux
des lettres, et se rapprochait de plus en plus de ceux qui
les honoraient par leurs travaux. Il profitait des voyages
auxquels l'obligeait sa charge pour visiter avec empressement
Montesquieu dans son château de la Brède, Buffon dans
sa terre de Montbar, Voltaire dans sa retraite de Cirey,
et à Paris il recherchait chaque jour davantage son vieux
maître Fontenelle, d'Alembert, Diderot, Marmontel, Saint-
Lambert, d'Holbach, Morellet, Galiani, Suard, Grimm

et tous ceux que réunissaient habituellement ces sociétés demi-mondaines et demi-académiques dont je parlais plus haut.

Bientôt il s'essaya à la poésie, car c'est par où il commença; il n'en vint que plus tard à la philosophie, et il eut le bon sens de se placer dès son début sous la discipline de Voltaire; conseil et exemple, tout lui devait venir excellent d'un si juste et si rare esprit. Voltaire l'accueillait, l'encourageait, le flattait même, mais lui donnait aussi de très-sages avis. Il lui écrivait : « Je vous dirai en faveur des progrès qu'un si bel art peut faire entre vos mains : craignez en atteignant le grand de sauter au gigantesque. N'offrez que des images vraies; servez-vous toujours du mot propre. Voulez-vous une petite règle infaillible? la voici : Quand une pensée est juste et noble, il faut voir si la manière dont vous l'exprimez en vers serait belle en prose.. » (Suivent des détails tout à fait de métier sur le style, qui marquent tout l'intérêt qu'il prenait aux succès de son disciple.)

Ailleurs, à une critique peu mesurée qu'Helvétius lui avait adressée sur Boileau il répondait : « Je conviens avec vous qu'il n'est pas un poëte sublime, mais il a bien fait ce qu'il voulait faire. Il a mis la raison en vers harmonieux et pleins d'images. Il est clair, conséquent, facile et heureux dans ses expressions........ Pour vous, votre pinceau est fort et hardi. La nature vous a mieux doué que Despréaux (c'est là la flatterie); mais vos talents, quelque grands qu'ils soient, ne seraient rien sans les siens. Je vous prêcherai donc éternellement cet art d'écrire que Despréaux a si bien connu et si bien enseigné, ce respect pour la langue, cette suite d'idées, ces liaisons, cet art aisé avec lequel il conduit son lecteur, ce naturel qui est le fruit du génie. »

« Continuez, lui écrivait-il encore, de remplir votre âme de toutes les connaissances, de tous les arts, de toutes les vertus... Quoi ! pour être fermier général, on n'aurait pas la liberté de penser! Atticus était fermier général... Continuez Atticus. »

Tout cela se disait à propos de ses premières épîtres et de son poëme sur le bonheur. Voilà à quelle école Helvétius était auprès de Voltaire.

La poésie avait été sa première ambition littéraire; mais elle ne fut pas la seule : la philosophie ne tarda pas à avoir aussi son tour, et même un moment les mathématiques. En voyant en effet l'espèce de cour, formée des dames les plus brillantes, dont Maupertuis, à cause de sa renommée de géomètre et malgré le peu de charme de sa personne, était entouré dans le jardin des Tuileries, Helvétius, amoureux, comme il l'était, avant tout du succès, s'appliqua quelque temps aux mathématiques; puis il y renonça, et se tourna vers la philosophie, qui lui parut plus propre à le conduire, comme il le disait, à la grande célébrité.

Dans ce dessein il lui était assez difficile de rester fermier général, et il n'hésita pas, il se défit de sa charge. Il sentait qu'il ne pouvait guère concilier les graves occupations de la pensée auxquelles il voulait se livrer avec celles des affaires et aussi des plaisirs qui dissipaient trop sa vie. Et puis le temps était peut-être venu pour lui où le cœur, si facile et si abandonné qu'il soit, se lasse de tout cet amour à chaque instant donné, à chaque instant repris, sans

rien avoir jamais de profond et de sérieux, et éprouve
le besoin de s'attacher, de se fixer, de réunir avec choix
sur un seul objet cette tendresse d'affection qu'il répandait
auparavant, sans trop y regarder, sur plusieurs. Helvétius
songea à se marier.

Il avait beaucoup vu, chez madame de Graffigny, made-
moiselle de Ligniville, dont elle était la tante, et qui appartenait à une très-noble famille de Lorraine. Mademoi-
selle de Ligniville, d'ailleurs très-pauvre (ils étaient dix-neuf
enfants), l'attira par sa beauté, le toucha, le captiva par
l'agrément de son esprit, par sa bonté, sa simplicité et
l'élévation de ses sentiments. Après y avoir beaucoup pensé,
il la demanda en mariage, et l'obtint. Ce fut le bonheur de
sa vie; il le goûta vivement, et on put justement lui prêter
ces paroles de Bolingbroke dans une lettre à Swift : « Je
n'ai plus que pour ma femme l'amour que j'avais autrefois
pour tout son sexe. »

En se démettant de sa charge, ce qui étonna un peu
le monde, il avait converti en immeubles la plus grande
partie de sa fortune ; c'était la diminuer, mais l'assurer,
et s'ôter de ce côté aussi tout sujet de trouble et d'agita-
tion. C'est ainsi qu'il avait acheté sa belle terre du Voré,
en Bourgogne.

Il en fit sa retraite sans en faire une solitude ; car
quoique ce ne fût pas un de ces lieux fréquentés comme
Ferney, le Grand-Val, la Chevrette ou Eaubonne, les amis
cependant n'y manquaient pas ; il les y attirait, les y retenait
le plus possible. Madame Helvétius surtout, qui avait pu
apprendre, chez madame de Graffigny, l'art, qui en est
vraiment un, de cette hospitalité de bon goût et de bon

accueil, gage d'une plus libre intimité et charme de l'amitié;
Madame Helvétius savait aussi faire de sa maison un de
ces rendez-vous philosophiques alors si recherchés, et elle
en était fière. Ainsi un jour, d'après le récit de Morellet,
comme elle ramenait dans sa voiture un noble étranger qui
l'était venu visiter, le prince en entrant dans le vestibule
dit : « Ah ! mon Dieu, que de claques. — Prince, répondit-
elle, cela vous promet bonne compagnie. » Les philosophes,
qu'elle reconnaissait à leur modeste équipage, étaient en
nombre chez elle, et elle s'en honorait.

Helvétius d'ailleurs ne renonçait pas à Paris, où chaque
année il revenait passer quatre mois l'hiver.

Mais ce fut au Voré principalement, au sein de cette
retraite studieuse et parmi les visiteurs de choix réunis
autour de lui, qu'il s'occupa du livre auquel il dut le bruit
que fit son nom. « Dix ans entiers d'un calme si parfait,
dit un de ses biographes, furent employés à la composition
de ce livre, avec lequel il s'était pour ainsi dire identifié. »
Il l'avait à peu près terminé en 1755, mais il ne le publia
qu'en 1758.

Cependant il ne faudrait pas croire qu'au Voré Helvétius
ne fût qu'auteur. Avec la chasse aux idées, comme on l'a dit.
il aimait aussi passionnément l'autre ; il y portait même une
jalousie irritable, dont il n'était pas toujours le maître et
dont, s'il faut en croire Diderot, qui n'en parle au reste que
sur ouï-dire, les effets étaient parfois assez fâcheux.

Diderot, dans son *Voyage à Bourbonne*, raconte sur le témoignage de madame de Nocé, voisine d'Helvétius, qu'il
était l'homme du monde le plus malheureux à la campagne ;
qu'il était entouré de voisins et de paysans qui le haïssaient;

qu'on cassait les fenêtres de son château ; qu'on coupait ses
arbres ; qu'on abattait ses murs ; qu'on arrachait ses armes
des poteaux où elles étaient attachées ; et cela à cause des
mesures de rigueur qu'il prenait parfois dans l'intérêt de sa
chasse, comme, par exemple, lorsqu'il faisait arrêter et mettre
à l'amende les braconniers et que, pour en éviter le voisinage,
il exigeait que les malheureux qui peuplaient les lisières de
ses bois quittassent les chaumières qu'ils y habitaient. De
tels actes lui faisaient des ennemis d'autant plus insolents, remarque Diderot, qu'ils avaient cru s'apercevoir que le bon
philosophe était pusillanime. « Je ne voudrais pas, ajoute-t-il,
de la belle terre de Voré à la condition d'y vivre dans des
transes perpétuelles... A la place d'Helvétius, j'aurais dit :
on me tuera quelques lièvres, quelques lapins ; qu'on tue ;
mais ces pauvres gens n'ont d'abri que ma forêt, qu'ils y
restent. »

Tel est le témoignage de Diderot ou plutôt de cette dame,
voisine d'Helvétius, qui pouvait bien, sans précisément dire
le contraire de la vérité, ne pas la dire tout entière, et, sans
aller jusqu'à la calomnie, se permettre un peu de médi-
sance.

Car il y a d'autres témoignages sur ce même point, ceux de
Saint-Lambert et de Morellet en particulier, desquels il résulte que le seigneur du Voré n'était pas si dur aux pauvres
paysans et même aux braconniers. Ainsi il dédommageait ses
fermiers de leurs pertes ; il les encourageait et les aidait à
mieux cultiver leurs terres ; il essayait de tourner le travail
de ceux qui étaient les moins heureux du côté de l'industrie ;
il avait fixé à ses frais dans ses domaines un habile chirur-
gien pour leur donner des soins ; sa bienfaisance en un mot

l'avait suivi de la ville à la campagne. Un paysan était venu chasser jusque sous les fenêtres du château ; Helvétius, irrité de tant d'audace, ordonna qu'on l'arrêtât, et comme on le lui amenait, son premier mouvement fut de s'emporter ; mais après l'avoir regardé un moment : Mon ami, lui dit-il, vous avez de grands torts envers moi ; si vous aviez besoin de gibier, pourquoi ne m'en avoir pas demandé ; je vous en aurais donné. Et il le fit remettre en liberté. Une autre fois un paysan, également pris en flagrant délit de chasse, fut conduit en prison, condamné à l'amende et privé de son fusil. Dès qu'Helvétius en eut avis, il alla trouver le paysan, lui paya le prix de son fusil, lui rendit l'amende et surtout lui recommanda le secret. Voici pourquoi : il craignait les reproches de madame Helvétius, qui par complaisance pour sa passion, et d'ailleurs quelque peu indignée aussi de l'insolence des braconniers, lui avait conseillé d'agir avec rigueur.

Mais ce qu'il y eut de plaisant et presque de comique dans la bonté de l'un et de l'autre, en cette circonstance, c'est que madame Helvétius disait de son côté à ses enfants : Je suis la cause que ce pauvre homme est ruiné ; c'est moi qui ai excité votre père à faire punir les braconniers. Et elle se rendait chez le délinquant, lui demandait à quelle somme se montait l'amende et le prix du fusil, payait le tout, et recommandait aussi le secret.

Ce double secret à garder et la double démarche qu'il devait couvrir n'étaient certes pas la preuve d'une grande dureté de cœur et d'un violent abus de son droit.

Mais un trait qui n'est plus du même genre et qui cependant, à l'honneur de l'âme bienveillante d'Helvétius, mérite

3

encore plus d'être rapporté est celui qui regarde ce pauvre gentilhomme, M. de Vasconcelles, qu'il traita avec une si délicate générosité. En achetant le Voré, il avait également acheté certaines créances inhérentes à cette propriété. Parmi ses débiteurs à ce titre se trouvait M. de Vasconcelles. Poursuivi par les hommes d'affaires d'Helvétius, il vint à lui et lui déclara que l'état de sa fortune ne lui avait pas permis depuis plusieurs années de payer ce qu'il devait au seigneur de Voré ; qu'il n'était pas en mesure pour le moment de payer le tout ; mais qu'il s'engageait pour l'avenir à solder exactement l'année courante et les arrérages d'une année. Il ajouta que, si on exigeait plus de lui et qu'on continuât à le poursuivre, on le ruinerait sans retour. « Je sais, lui répondit Helvétius, que vous êtes un galant homme, et que vous n'êtes pas riche. Vous me payerez à l'avenir comme vous le pourrez, et voici un papier qui empêchera mes gens d'affaires de vous inquiéter. » C'était une quittance générale qu'il lui donnait. M. de Vasconcelles se jeta à ses pieds et s'écria : Vous sauvez la vie à ma femme et à mes enfants. Helvétius le releva, lui parla avec l'intérêt le plus noble et le plus touchant, et lui fit accepter une pension de mille livres pour élever sa famille. C'est ce trait, joint à quelques autres, qu'un de nos plus spirituels auteurs contemporains, M. Andrieux, a pris pour sujet de sa pièce intitulée : *Helvétius*.

D'autres gentilshommes voisins ou vassaux d'Helvétius eurent également recours à lui dans leurs besoins. C'était pendant la guerre une troupe à rétablir, un équipage à faire ; c'étaient des enfants à élever, un bien à remettre en ordre. Ils ne s'adressaient jamais en vain à lui et souvent il les prévenait. On cite entre autres, parmi eux, MM. de l'Étang, qui jamais ne voulurent taire les bienfaits qu'ils avaient reçus de lui.

Un homme qui avait abusé de sa confiance et était intervenu sans loyauté dans l'affaire du livre *de l'Esprit*, le P. Piex, jésuite, était confiné dans un village et y souffrait la plus extrême pauvreté. Helvétius alla trouver un des amis de ce malheureux, et lui donna cinquante louis en lui disant : « Portez-les-lui, mais ne lui dites pas qu'ils viennent de moi ; il m'a offensé, et il serait humilié de recevoir mes secours. »

On sait d'ailleurs ce qu'il faisait dans les années de disette, et avec quelle libéralité il répandait alors les secours autour de lui. Il ne faudrait pas non plus oublier ce qu'il disait à son valet de chambre, témoin et entremetteur de la plupart de ses charités : « Chevalier, je vous défends de parler de ce que vous voyez, même après ma mort. » Et comme il lui arrivait quelquefois d'étendre ses bienfaits sur d'assez mauvais sujets, et qu'on lui en faisait des reproches, il répondait : « Si j'étais roi, je les corrigerais ; mais je ne suis que riche, et ils sont pauvres ; je dois les secourir. »

Il m'a paru juste d'opposer ce tableau de la vie d'Helvétius au Voré à l'image moins flatteuse et fausse au moins en partie qu'en a tracée, un peu trop sur parole, l'auteur du *Voyage à Bourbonne*.

Veut-on maintenant savoir comment il vivait dans cette retraite, visitée de ses amis, parmi les plaisirs des champs, les occupations de la bienfaisance, et, si l'on veut aussi, les petites misères qu'il s'attirait par son impatience de toute atteinte à son droit favori ? Saint-Lambert et Morellet nous l'apprennent : « Il passait toutes ses matinées à méditer et à écrire, et il sortait la tête tout en feu de son travail, tant il s'y était péniblement et passionnément appliqué. Il suait, dit en particulier Morellet, pour faire un chapitre de son ouvrage, et il y en a tel morceau qu'il a recomposé vingt fois; c'était comme une pièce de fer mise et remise incessamment à la forge. Il n'y a pas eu un homme de lettres auquel l'art de la composition coûtât plus de temps et d'efforts. » Il n'y avait rien là de la vive et pétillante facilité de Voltaire, de l'inspiration ardente de Rousseau, de la fougue de Diderot; il y aurait plutôt eu, toute différence d'ailleurs gardée, quelque chose de la lente pensée de Montesquieu, faisant souvent attendre de longues heures une phrase à son secrétaire attentif et la plume à la main.

Voilà pour l'exécution; quant à ce qu'on peut appeler dans le langage de la rhétorique l'invention, le procédé ordinaire d'Helvétius, d'après les mêmes témoignages joints à celui de Marmontel, était de jeter sur le tapis les idées qui l'occupaient ou les difficultés qui l'arrêtaient; il engageait ainsi la discussion; mais, comme il ne savait ni l'animer ni la diriger, il laissait dire plus qu'il ne disait, il écoutait plus qu'il ne parlait, et profitait, sans trop s'y mêler, de la conversation qu'il avait provoquée : ou bien il s'isolait, prenait tel ou tel de ses amis dans l'embrasure d'une fenêtre, et tâchait d'en tirer quelque argument en faveur de ses opinions. Il lui arrivait cependant de s'exprimer avec abondance et chaleur; mais c'était fort rarement, et son attitude habituelle dans les cercles était plutôt celle de l'interrogation et d'un silence attentif et plein de curiosité.

Son livre, comme je l'ai déjà dit, parut en 1758. Il eut un grand succès, puisque Chastellux, dans son éloge d'Helvétius, rapporte qu'il eut plus de cinquante éditions tant en France qu'à l'étranger.

Cependant, d'après Suard, Voltaire le caractérisait ainsi : « Titre louche, œuvre sans méthode, beaucoup de choses communes ou superficielles et le neuf faux ou problématique. » On sait d'ailleurs comment il s'en exprime dans ses lettres, on connaît également le sentiment de Rousseau ; Buffon aurait dit de son côté de l'auteur : « Il aurait dû faire un livre de moins, et un traité de plus dans les fermes.» Et je ne parle pas d'autres jugements que j'ai déjà indiqués, et qui sont dans le même sens, tels que ceux de Frédéric, de Diderot et de Turgot. Cependant il y avait de la part de tous amitié, bienveillance et faveur pour la personne d'Helvétius. Si donc même dans le parti des philosophes on estimait ainsi le livre *de l'Esprit*, on conçoit sans peine comment il dut être reçu du monde théologique et politique. Les journaux religieux éclatèrent; les mandements parlèrent; la Sorbonne censura ; Rome condamna ; le parlement décréta. Le dauphin dit à haute voix : « Je vais chez la reine lui montrer les belles choses que fait imprimer son maître d'hôtel, » car Helvétius avait acheté cette charge, en se démettant de son emploi dans les finances. L'archevêque de Paris, Christophe de Beaumont, l'accusa en termes fort vifs de porter atteinte à la spiritualité de l'âme, à la liberté et à la loi morale; à l'ordre des sociétés et à la paix des États; à l'existence et aux attributs de Dieu, aux principes mêmes du christianisme. La Sorbonne dans sa censure s'exprimait ainsi : « Nous avons choisi le livre *de l'Esprit* comme réunissant toutes les sortes de poisons qui se trouvent répandus dans différents livres modernes. » Elle faisait porter des griefs sur quatre points :

1° la spiritualité de l'âme ; 2° la morale ; 3° la religion ; 4° le gouvernement ; et elle produisait, sur chacun de ces chefs, des passages tirés de Spinosa, de Collins, de Hobbes, de Mandeville, de Delamettrie, de d'Argens, etc., comme étant les sources où Helvétius avait puisé ses erreurs.

L'avocat général Omer Joly de Fleury parlait dans le même sens ; il disait qu'il regardait le livre *de l'Esprit* comme l'abrégé du dictionnaire encyclopédique ; il insistait pour qu'à de pareils excès on apportât les plus grands remèdes ; il demandait que la justice se montrât dans toute sa sévérité, qu'elle prît le glaive en main et frappât des auteurs sacriléges et séditieux, que la religion condamnait et que la patrie désavouait. Cependant il avait des paroles plus indulgentes pour Helvétius : « Si, moins livré, disait-il, à des impressions étrangères, il n'eût consulté que les sentiments intimes de son propre cœur, il n'aurait pas donné le jour à cette production funeste. » Il s'exprimait ainsi parce qu'il avait en main la rétractation (celle que fit en troisième lieu l'auteur, car il en avait proposé deux autres qui n'avaient pas été acceptées) qu'on avait exigée d'Helvétius. L'arrêt du parlement, rendu sur le réquisitoire de Joly de Fleury, déclarait qu'usant d'indulgence envers l'auteur du livre *de l'Esprit,* qui avait donné une nouvelle rétractation précise et exacte, il poursuivrait et punirait suivant toute la rigueur des ordonnances quiconque oserait désormais composer, approuver, imprimer aucuns livres, écrits et brochures contre la religion, l'État et les bonnes mœurs.

Quant à cette rétractation, on sera peut-être désireux de la connaître. C'était l'abbé Chauvelin, membre actif du parlement, qui la lui avait conseillée et qui l'avait obtenue de lui comme moyen d'adoucir l'arrêt. Helvétius aurait désiré qu'elle ne fût pas rendue publique et qu'elle restât au greffe du parlement, et on le lui avait promis ; mais elle ne tarda pas à paraître dans les feuilles publiques desquelles la tire l'abbé Gauchat dans ses *Lettres* (t. II, p. 6).

Voici en quels termes elle était conçue : « J'ai donné avec confiance le livre *de l'Esprit*, parce que je l'ai donné avec simplicité ; je n'en ai point prévu l'effet, parce que je n'ai point prévu les conséquences effrayantes qui en résultent. J'en ai été extrêmement surpris et encore plus affligé. En effet, il est bien cruel et bien douloureux pour moi d'avoir alarmé, scandalisé, révolté des personnes pieuses, éclairées. respectables, dont j'ambitionnais les suffrages, et de leur avoir donné lieu de soupçonner ma religion et mon cœur. Mais c'est ma faute, je la reconnais dans toute son étendue, et je l'expie par le plus amer repentir. Je souhaite très-vivement et très-ardemment que tous ceux qui auront le malheur de lire cet ouvrage me fassent la grâce de ne pas me juger d'après la fatale impression qui leur en restera Je souhaite qu'ils sachent que dès qu'on m'en a fait sentir la licence et le danger, je l'ai aussitôt désavoué, proscrit et condamné, et que j'ai été le premier à en demander la suppression. Je souhaite qu'ils croient en conséquence que je n'ai voulu donner atteinte ni à la nature de l'âme, ni à son origine, ni à son immortalité, comme je croyais l'avoir fait sentir dans plusieurs endroits de cet ouvrage. Je n'ai voulu attaquer aucune des vérités du christianisme, que je professe sincèrement dans toute la rigueur de ses dogmes et de sa morale, et auquel je me fais gloire de soumettre toutes mes pensées, toutes mes opinions, toutes les facultés de mon être. certain

que ce qui n'est pas conforme à son esprit ne peut l'être à
la vérité. Voilà mes véritables sentiments. J'ai vécu, je vi-
vrai, je mourrai avec eux. »

Telle est cette pièce; elle n'est pas héroïque, et une réflexion qui viendra d'abord à la pensée de chacun, c'est que,
si elle est sincère, le livre *de l'Esprit* est une singulière distraction de l'auteur, et le livre *de l'Homme* une suite plus
étrange encore de la même distraction. Mais ce qu'elle accuse
plutôt en lui c'est un peu de faiblesse, un peu de celle dont
Diderot prétend que le *bon philosophe* n'était pas tout à fait
exempt (1). Helvétius, pressé par ses amis, par sa famille, par

---

(1) Collé, dans son *Journal historique,* parle à peu près dans le même
sens : « Le livre d'Helvétius vient de paraître, dit-il, il a fait un bruit de
diable, et a causé une peine cruelle à son auteur. Le roi, la reine et surtout le dauphin en ont été furieux. Sans madame Helvétius la mère, Helvétius était perdu et obligé de s'expatrier; il lui a fallu faire rétractation
sur rétractation et amende honorable, en quelque sorte la torche au poing.
Il a fait voir plus de philosophie et de fermeté dans son livre que dans ses
actes. Il a paru pusillanime : craignant tout, pleurant comme un enfant,
parlant de se poignarder ; on lui a donné des conseils de constance, qu'il
n'a pas su suivre. Les larmes de sa mère et sa propre faiblesse lui ont fait
prendre un parti qui a été blâmé par tous les gens qui pensent.. Plus un
livre est hardi et paraît ferme, plus il semble affecter d'indépedance philosophique et d'amour pour ce qu'il croit la vérité, plus une conduite faible et de femmelette couvre de ridicule. » Le même auteur dit encore que
M. de Malesherbes donna avis à Helvétius, pendant l'impression de son
livre, qu'on y trouvait des choses bien fortes. Helvétius demanda un nouveau censeur et fit faire vingt-sept cartons. — Il remarque aussi que
Palissot, dont la comédie avait été dirigée particulièrement contre Helvétius, avait été son hôte, un de ses commensaux; qu'il avait vu lui-même

sa mère surtout, fit ce qu'on exigeait de lui, mais sans revenir au fond sur le passé et sans s'engager pour l'avenir. Il restait ce qu'il était, ce que l'avaient fait son temps, son éducation, ses relations. Il n'avait pas grand goût pour le martyre, mais il ne changeait pas de religion ; on était d'ailleurs au XVIIIe siècle assez accommodant sur ces sortes de capitulations de conscience, et on accordait volontiers en mots ce qu'on était bien décidé à refuser en fait. Les plus fermes, les plus fougueux en passaient par là. Seulement il faut convenir qu'Helvétius y mettait un abandon tout particulier. A l'entendre, on pourrait s'y tromper, et croire qu'il a vraiment péché sans le savoir, et qu'il n'y reviendra plus. Il y reviendra, et l'on sait comment.

Le parlement avait épargné l'auteur, qui toutefois fut obligé de se démettre de sa charge à la cour et de se renfermer pendant deux ans au Voré ; mais il avait sévèrement frappé l'œuvre, et l'avait condamnée au feu.

La peine parut trop forte et sembla même de la persécution au public et parmi les philosophes. Aussi ceux d'entre eux qui avaient d'abord jugé le plus sévèrement le livre d'Helvétius s'abstinrent et changèrent même de langage. Voltaire retint ses mots, et s'adressa même ainsi à son ami :

> Vos vers semblent écrits par la main d'Apollon :
> Vous n'en avez pour fruit que ma reconnaissance.

---

la manière dont il était accueilli, et que des amis d'Helvétius assuraient que Palissot lui devait encore de l'argent ; car il lui en avait prêté avec sa bienveillance ordinaire.

4

> Votre livre est dicté par la saine raison,
>   Partez vite et quittez la France.

Rousseau suspendit un commentaire sévère qu'il avait commencé sur les pages mêmes de l'exemplaire qui lui avait été donné. On ne critiqua plus, on sympathisa avec l'homme de lettres frappé. Helvétius fut un apôtre et un martyr, selon l'expression de Marmontel, et il devint l'objet sinon précisément de l'admiration, au moins de l'intérêt universel parmi ceux qui, soit en France, soit à l'étranger, avaient à cœur la cause de la philosophie et de la liberté de la pensée. De tout côté on prit parti pour lui. A Rome son livre avait été condamné par l'inquisition ; cela ne l'empêcha pas d'être répandu dans toute l'Italie après y avoir été réimprimé et traduit. Des cardinaux eux-mêmes écrivirent à l'auteur pour le féliciter et blâmer la sévérité de ses juges. A Londres il fut traduit et eut plusieurs éditions en une année. En Allemagne, il eut deux traductions à la fois, et fut recherché et lu avec avidité dans toutes les cours. Comme on le pense bien, il ne fut pas négligé à Berlin, et, au dire de l'ambassadeur de France en Russie, on en était occupé à Saint-Pétersbourg comme dans tout le reste de l'Europe. Il faut entendre Saint-Lambert dans son enthousiasme, quelque peu emphatique, relever un tel succès et le regarder comme la consécration de la complète et vive adhésion qu'il donne lui-même à l'ouvrage. C'est tour à tour chez lui un panégyrique et une apologie sans réserve.

Cette vogue du livre *de l'Esprit* se soutint plusieurs années ; ce fut comme de la gloire pour Helvétius. Aussi le trouvons-nous en 1764, pendant le voyage qu'il fut sollicité de faire en Angleterre, accueilli du roi, des hommes politiques et des savants avec une distinction et un empressement qui témoignaient de la considération dans laquelle on le tenait. L'année suivante, s'étant rendu à Berlin sur les plus pressantes instances de Frédéric, il fut reçu par lui comme son hôte, et comblé de témoignages de sa haute estime, témoignages qui au reste s'adressaient plutôt à la personne d'Helvétius qu'à ses ouvrages. Car, je l'ai déjà rappelé, et sa correspondance l'atteste, dans le commerce intime Frédéric traitait assez sévèrement soit le livre *de l'Esprit,* soit surtout celui *de l'Homme.*

Helvétius cependant n'était pas sans avoir senti que le premier de ces ouvrages n'était pas exempt de défauts. Indépendamment des sentences juridiques dont il avait été l'objet, il en avait paru des critiques étendues et solides, celle de l'abbé de Lignac, la plus remarquable de toutes, celle de l'abbé Gauchat, qui a bien aussi son mérite, celle de Chaumeix, qui n'en est pas dépourvue, et enfin celle des journalistes de Trévoux. Helvétius ne pouvait pas non plus ignorer celle qui devait éclater par un mouvement d'éloquence dans l'*Émile,* celle de Diderot, qui dut lui communiquer ses *réflexions,* ni même celle de Voltaire et de Frédéric, quoiqu'elle ne fût exprimée que dans des lettres. Il comprit donc la nécessité de reprendre en quelque sorte en sous-œuvre le livre *de l'Esprit,* de le refaire, de le corriger, de le défendre dans celui *de l'Homme,* et il se mit à ce nouveau travail. Mais la composition qui en sortit ne fut pas meilleure; elle était la même pour le fond, sauf que l'auteur, aigri sans doute· par les attaques dont il avait été l'objet, y gardait moins de mesure et de ménagement dans l'expression des plus hasar-

deuses de ses doctrines ; elle avait quelque chose de plus didactique, de plus sec ; elle manquait de tout agrément. Il ne
la destinait pas du reste à être publiée de son vivant, et il
est vraisemblable qu'il n'y mit pas la dernière main.

Il touchait en effet au terme de sa carrière. On remarqua
au commencement de l'année 1771 quelque changement dans
son humeur et dans ses goûts. On ne lui trouvait pas sa sérénité ordinaire ; il recherchait moins les conversations qu'il
avait le plus aimées ; l'exercice le fatiguait, et il n'allait plus
à la chasse. On crut que la cause d'un tel état était plus morale que physique, et que le mal venait chez lui du sentiment de profonde tristesse que lui inspirait l'état du pays, à
à ses yeux mal gouverné, mal administré, frappé dans sa
magistrature, ébranlé dans ses finances et atteint en outre
d'une disette calamiteuse. Ce pouvait être là en effet une circonstance aggravante. Mais avant tout il y avait altération de
sa santé elle-même. Chaque jour il perdait ses forces, et une
attaque de goutte, qui se porta à la tête et à la poitrine, lui ôta
la connaissance d'abord et puis la vie. Il mourut le 26 décembre 1771, à l'âge de cinquante-six ans, laissant sa veuve et ses
deux filles, dont il était tendrement aimé, dans la désolation,
et ses amis dans les plus sincères et les plus profonds regrets.

Tel fut Helvétius, que je n'aurais pas cependant complète-
ment fait connaître si je n'ajoutais quelques détails tant
sur lui que sur ce qui lui appartint et le toucha de plus près.

A ce second titre on ne saurait refuser quelques mots de
souvenir à madame Helvétius. C'était en effet une âme selon
son âme ; selon son cœur du moins, si ce n'est selon son esprit. Du vivant de son mari, sans partager, ni surtout sans
pratiquer ses maximes de philosophie, elle s'inspira de tous

ses bons sentiments. A sa mort, retirée à Auteuil, plus modestement, mais aussi plus tranquillement peut-être et plus
doucement qu'au Voré, en mémoire et comme par imitation
de celui qu'elle pleurait, elle continuait d'aimer ceux qu'il
aimait, de servir ceux qu'il servait ; elle resta fidèle à toutes ses amitiés et à tous ses bienfaits. Elle eut cependant ses
attachements particuliers, mais qui furent dignes de ceux
que lui léguait son mari. Deux sages, deux excellents esprits
et deux nobles cœurs, Turgot et Franklin, voulurent l'un et
l'autre l'épouser. C'étaient deux belles alliances, mais elle
les refusa. Sa foi avait été donnée et était gardée à un autre,
à celui qu'elle avait perdu. Elle avait près d'elle, comme ses
hôtes habituels, l'abbé de la Roche, ami d'Helvétius, et le
jeune Cabanis, auxquels elle laissa en commun, à sa mort, la
jouissance de sa maison d'Auteuil. Elle eut aussi quelque
temps, au même titre, l'abbé Morellet. Mais des nuages sur-
vinrent, non du côté de madame Helvétius, et, sans se rom-
pre, leur liaison se relâcha. En un mot, autant qu'il était en
elle, elle faisait comme aurait fait Helvétius : elle était pleine
de bonté. Sa bienveillance s'étendait même aux animaux
dont elle était entourée, témoin les *oiseaux* de *madame
Helvétius,* que célèbre Bouilly dans ses *Conseils à sa fille.*

Aussi était-elle heureuse dans sa paisible retraite, et quand
le premier consul vint un jour l'y visiter, elle put bien lui
dire : « Vous ne savez pas combien on peut trouver de bonheur dans trois arpents de terre. » Mais elle ignorait qu'il
fallait un peu plus à celui qui avait le monde à conquérir.
Elle n'avait que des amis à charmer par les grâces de son esprit et de son cœur et de douces créatures à soigner, comme
une seconde providence. Ce n'était pas un empire à fonder et

les peuples à soumettre. Les destinées n'étaient pas les mêmes,
ni non plus le bonheur auquel ils aspiraient l'un et l'autre.

J'ai déjà en passant indiqué par certains traits le caractère
d'Helvétius. J'en joindrai ici quelques-uns encore, que je tirerai du témoignage de ses amis.

Dans sa jeunesse il avait beaucoup aimé, mais non d'une
véritable passion, et il ne faut qu'entendre Grimm, parlant
d'après Helvétius lui-même, pour être convaincu que dans
toutes ces liaisons il entrait plus de sens que de vive et pure
affection.

En amitié il n'avait point de préférences, et il y portait
des procédés plutôt que de la tendresse. Ses amis, dans leurs
peines, le trouvaient sensible parce qu'il était bon, mais dans
le cours ordinaire des choses ils lui étaient peu nécessaires.
Il avait les plus grands égards pour l'amour-propre des autres et ne les blessait par aucune prétention. Il avait le goût
des bienfaits et en désirait avant tout le secret. Il fallait
cependant qu'il manquât quelque chose à sa bienfaisance,
puisque, sur la réflexion qu'il faisait un jour qu'il avait
conservé peu d'intimité avec ses anciens amis, d'Holbach lui
dit : « Vous en avez obligé plusieurs, et moi qui n'ai rien fait
pour aucun des miens, je vis constamment avec eux depuis
vingt ans. » Peut-être n'y mettait-il pas, comme on dit, assez
du sien, assez de son âme, de ces soins assidus et délicats du
cœur qui sont comme l'esprit du bienfait et le font longtemps apprécier et trouver doux. Il s'en tenait un peu trop
à la lettre; peut-être avait-il aussi à cet égard un peu trop
de cette disposition à se retirer, à se mettre à l'écart, dans
l'embrasure d'une fenêtre en quelque sorte, pour rappeler
ce qu'on rapporte de sa manière de converser, et il ne se

prêtait pas assez à ce commerce, à ces communications soute-
nues d'âme à âme qui font le charme durable des bons offi-
ces et vivifient la reconnaissance. C'était, dans ce cas, comme
la fleur, la suprême grâce et l'achèvement, par une haute et
pieuse spiritualité, de la charité, qui faisaient défaut en lui.
Pour le reste, il l'avait; il n'avait pas, si on me permet de le
dire, la religion du bienfait, mais il en avait le goût naturel,
l'habitude et la facilité.

Il était juste, indulgent, sans fiel, d'une grande égalité
dans le commerce de la vie, sa passion pour la chasse excep-
tée, qui le troublait et parfois l'emportait. Mais au fond de
cette équité il y avait une pensée fâcheuse, c'est qu'il n'était
pas plus raisonnable de s'irriter contre un méchant que contre une pierre qu'on rencontre en son chemin. Il y a une
autre et meilleure manière d'entendre et de prendre même le
méchant, d'être calme et tolérant avec lui ; c'est de lui témoigner qu'on voit toujours en lui un homme, un frère, une
créature raisonnable à adoucir, à corriger, à ramener s'il est
possible. Helvétius ne voyait dans le méchant qu'une chose ;
c'était, je ne crains pas de le dire, ne pas l'estimer ce qu'il
vaut, ne pas estimer par suite ce que vaut le bon lui-même ;
c'était méconnaître, dans l'un comme dans l'autre, la véritable humanité, c'était la mal aimer. L'humanité, même déchue,
a encore un droit à un certain respect, elle a le droit de n'ê-
tre pas laissée sans soin et sans sollicitude à son abaissement,
mais d'être redressée, relevée, réhabilitée. Elle est alors encore
à honorer d'un regard de pitié, d'un effort secourable, de cette
patience qui attend, sollicite et espère d'elle un retour de
bonne volonté. De sorte qu'aimer l'humanité c'est toujours
plus ou moins l'avoir en respect. Ainsi ne l'aimait pas Hel-

vétius, qui en était un doux, mais non un religieux ami. Ici sa
philosophie pouvait bien quelque peu nuire à ses affections.

Quant à son esprit, ce qui paraît le distinguer, c'est la curiosité ou plutôt la prétention à la nouveauté, sans trop tenir compte de la vérité ; d'où le paradoxe, qui n'est que la
recherche du nouveau, faux, ou problématique, selon la remarque de Voltaire. Helvétius a toute l'ambition des grandes pensées sans en avoir la puissance, et le démon qui le
tourmenta, ainsi que le dit Grimm, ne fut pas celui qui fait
écrire pour l'immortalité ; ce ne fut que celui qui s'agite
pour le succès du jour et un bruit passager. D'autres, de plus
grands dans son siècle, ont été inspirés du premier ; Diderot
lui-même en fut parfois visité. Est-ce trop dire que d'affirmer qu'Helvétius ne le fut guère que du second ? Si le génie
se compose de la chaleur qui crée, de la lumière qui éclaire,
de l'originalité qui vise à la nouveauté dans la vérité, de la
justesse qui y atteint, de la grandeur qui la veut profonde
et haute, le génie ne fut pas son partage, il n'en eut pas du
moins les attributs les plus essentiels, l'originalité, la justesse,
la vigueur, et j'ajouterai le bon sens, qui en est comme le
fond ; Voltaire le lui faisait bien sentir au sujet du bon sens
lorsqu'il lui écrivait : « Je vous avouerai qu'après avoir longtemps erré dans ce labyrinthe (il s'agissait de la double question de la liberté et de Dieu), après avoir cassé mille fois
mon fil, j'en suis revenu à dire que le bien de la société est
que l'homme se croie libre ; nous nous conduisons tous selon
ce principe, et il me paraît étrange d'admettre dans la pratique ce que nous rejetons dans la spéculation... Pourquoi l'être
souverain qui m'a donné un entendement, qui ne peut se
comprendre, ne m'aurait-il pas donné aussi un peu de li-

berté? Nous aurait-il trompés tous? Voilà des arguments de
bonne femme. Je suis revenu au sentiment après m'être égaré
dans le raisonnement. Quant à Dieu, je crois que la matière
aurait, indépendamment de lui, des rapports nécessaires à
l'infini; j'appelle ces rapports aveugles, comme rapports de
lieu, de distance, de figure; mais quant à des rapports de
dessein, je vous en demande pardon, il me semble qu'un
mâle et une femelle, un brin d'herbe et sa semence sont des
démonstrations d'un être intelligent qui a présidé à l'ouvrage.
Or, de ces rapports de dessein il y en a à l'infini. Pour moi,
j'en sens mille qui me font aimer votre cœur et votre esprit;
ce ne sont pas des rapports aveugles. »

Voilà quelles leçons donnait à l'occasion Voltaire à Helvétius.

En tout Helvétius fut un galant homme; Grimm écrit
quelque part que, si le terme n'en eût pas existé dans la langue française, il aurait fallu l'inventer pour lui. Rien de plus
juste. Helvétius, je le répète, fut un galant homme; mais il
serait difficile de dire qu'il fut plus, et surtout qu'il fut un
grand homme.

Il n'était pas de cette lignée-là; il eut seulement l'ambition
de s'y allier.

Tel est le jugement qu'on portera, je crois, de lui après
une étude attentive de ses œuvres, et que confirme au surplus
celui des plus autorisés de ses contemporains. Ainsi Voltaire, que j'ai déjà plus d'une fois cité et qui peut l'être encore avec utilité, lui est très-favorable comme ami, comme
maître, comme patron zélé. Il ne comprend pas la persécution que lui attire son livre; il trouve qu'il y a cent choses
plus fortes dans l'*Esprit des lois* et les *Lettres persanes;* qu'il

3

n'y a pas plus de matérialisme chez lui que chez Locke pour avoir dit que nous n'avons d'idées que par nos sens. Il pense enfin que c'est beaucoup de bruit pour une omelette, par allusion à Desbarreaux, qui, entendant tonner un samedi qu'il mangeait une omelette au lard, dit en jetant le plat par la fenêtre : Voilà bien du bruit pour une omelette.

Mais en même temps, quand il s'agit de l'ouvrage en lui-même, tout en louant encore certains points du livre *de l'Esprit*, il fait cependant la part des reproches beaucoup plus grande ; il en attaque le titre comme inexact et vague ; il y relève nombre d'erreurs ou de vérités triviales débitées avec emphase, un défaut sensible de méthode, des contes indignes d'un philosophe, un mélange du style poétique et boursouflé avec le langage de la philosophie, et en tout c'est à ses yeux un fagot qui donne un peu de feu et beaucoup de fumée.

On le voit, Voltaire n'a pas pour le livre le même goût que pour la personne de l'auteur.

Rousseau, de son côté, qui, à l'instant où l'orage éclata contre Helvétius, suspendit le commentaire sévère qu'il faisait du livre *de l'Esprit*, et qui, en vendant sa bibliothèque, dans laquelle était compris l'exemplaire de cet ouvrage, sur les pages duquel il avait écrit ses notes, y mit pour condition expresse que cet exemplaire ne sortirait pas des mains de l'acheteur, et qu'il n'en serait rien publié avant sa mort ; Rousseau était également dans des sentiments très-favorables à Helvétius, mais non à sa philosophie, et c'est ce qu'exprime cette phrase si connue de l'*Émile* : « Tu veux en vain t'avilir ; ton génie dépose contre tes principes ; ton cœur bienfaisant dément ta doctrine, et l'abus même de tes facultés prouve leur excellence en dépit de toi. »

Frédéric est aussi très-bienveillant pour l'homme, mais assez peu pour l'auteur. Ainsi, d'Alembert, lui annonçant le départ d'Helvétius pour Berlin, lui écrit : « J'ose espérer que Votre Majesté, en connaissant sa personne, ajoutera encore à l'idée qu'elle a de ses talents et de ses vertus. » Le roi répond : « Nous attendons ici M. Helvétius. Selon son livre, le plus beau jour de notre connaissance sera le premier ; mais on dit qu'il vaut infiniment mieux que son ouvrage. » Plus tard, d'Alembert lui annonce la mort d'Helvétius. Le roi lui répond : « J'ai appris sa mort avec une peine infinie ; son caractère m'a paru admirable, et on eût peut-être désiré qu'il eût moins consulté (en écrivant) son esprit que son cœur. »

Après la mort d'Helvétius, on avait publié le livre *de l'Homme*. Le roi l'avait lu, et il écrivait à d'Alembert : « J'ai été fâché pour l'amour de lui qu'on l'ait imprimé ; il n'y a point de dialectique dans ce livre ; il n'y a que des paralogismes et des cercles de raisonnement vicieux, des paradoxes et des folies complètes, à la tête desquelles il faut placer la république française. C'était un honnête homme ; mais il ne devait pas se mêler de ce qu'il n'entendait pas. » D'Alembert cependant, tout en abandonnant l'ouvrage sur certains points, le défendait sur d'autres ; mais Frédéric insistait et disait : « Il eût été à souhaiter pour la mémoire d'Helvétius qu'il eût pu consulter quelqu'un de ses amis sur son ouvrage avant de le publier ; » et, revenant dans une autre lettre sur le livre *de l'Esprit*, il écrivait : « Helvétius s'est trompé dans ce livre ; il soutient que les hommes naissent à peu près avec les mêmes talents ; cela est contredit par l'expérience ; les hommes reçoivent en naissant un caractère indélébile. L'éducation ne change jamais le fond qui reste. Chaque individu porte en lui le principe de ses actions. »

Je viens de nommer d'Alembert, mais sans rapporter de lui aucune parole précise au sujet de l'œuvre d'Helvétius. D'Alembert fut un de ceux qui, au moment où l'auteur du livre *de l'Esprit* fut inquiété, se rangèrent autour de lui, firent cause commune avec lui non sans fermeté, et cependant voici ce qu'il disait : « Helvétius, qui mesure tout par les sens, ne croit à l'immortalité d'un ouvrage que quand il est publié *in-quarto*. »

Madame du Deffand écrivait à peu près dans le même sens à Voltaire : « On dit que vous avez trouvé des perles dans la petite brochure de 1400 pages de M. Helvétius ; comme ma vie ne serait pas assez longue pour une telle lecture, indiquez-moi les pages qui renferment ces belles pierres précieuses. » Voilà donc un ouvrage qu'on s'accorde à trouver un peu long à lire, quoique, comme madame du Deffand, on ne soit pas sans quelque goût pour ce secret de tout le monde qu'il aurait dit.

Diderot, dont j'aurai plus tard l'occasion de citer les *réflexions*, après avoir relevé dans le livre *de l'Esprit*, quatre principaux paradoxes, ajoutait : « Quand ces paradoxes seraient des vérités, le livre *de l'Esprit,* qui attaque l'*Esprit des lois,* n'en serait encore que la préface. » Toutefois, après ces critiques, Diderot finissait par dire : « Ce livre sera pourtant compté parmi les livres du siècle. » En effet, il est resté parmi les livres du XVIIIᵉ siècle, mais moins comme un des monuments qui l'honorent et l'illustrent que comme un des souvenirs fâcheux des moins plausibles de ses doctrines.

Turgot, dont je citerai également plus tard la lettre à Condorcet, s'exprimait plus sévèrement encore sur le livre d'Helvétius; et madame Necker, dans ses *Mélanges*, disait : « Certains ouvrages, comme ceux d'Helvétius et de Duclos, perdront beaucoup de leur prix avec le temps ; ce ne sera pas seulement l'effet de la durée, car un beau style conserve les idées dans toute leur fraîcheur ; mais la cause de cette vétusté précoce est surtout dans le genre de leurs pensées : celles de Duclos et d'Helvétius sont de la petite monnaie, dont l'empreinte s'efface bientôt; celles de Montesquieu sont de vrais lingots d'or. » Elle disait aussi : « Helvétius, riche en apparence de nombre d'idées fines et isolées, paraît environné d'étincelles errantes, dont la lumière le conduit dans diverses routes contraires et fatigue ceux qui le suivent. »

Maintenant me permettra-t-on de finir par un nom étrange qu'on ne s'attend guère peut-être à voir se produire ici et qui a plutôt sa place ailleurs, dans les pages justement sévères de l'histoire politique ; je veux parler de Marat. Marat, avant d'être un politique hors de sens et furieux, hideux de fiel, de boue et de sang, avait été un écrivain assez médiocre en médecine, en physique et même en métaphysique ; avant de faire *l'Ami du peuple*, il avait fait entre autres son livre *de l'Homme, ou des principes et des lois de l'influence de l'âme sur le corps et du corps sur l'âme.* C'est le titre de l'ouvrage d'Helvétius et le sujet de celui de Cabanis.

Dans ce livre de Marat, qu'on ne lit pas sans quelque étrange curiosité à cause du personnage dont il nous vient. on cherche en vain l'homme que plus tard on connaîtra ; rien ne l'indique ni ne l'annonce. Il ne s'y fait point de politique et on y trouve professée une sorte de philosophie spiritualiste dans le tempérament de celle de Locke, dont il se pro-

clame le disciple et qu'il dit le plus sensé des métaphysiciens.
Tout au plus pourrait-on noter comme présage de ce que
sera un jour cette âme envieuse et violente l'opinion systé-
matique, chez lui, que la pitié n'est pas un sentiment naturel,
mais factice.

Or, dans ce livre *de l'Homme*, Marat attaque plusieurs fois
Helvétius, comme au reste Delamettrie, dont il dit que l'ouvrage sur *l'Homme physique* (*l'homme machine*, aurait-il
fallu dire pour être exact), qui a tant fait de bruit chez les
athées, n'est à tout prendre qu'un mauvais recueil d'observations triviales et de fades et faux raisonnements ; d'Helvétius il pense qu'il est un esprit faux et superficiel, qui pose
d'abord un système absolu, où il réduit tout aux causes morales, et qu'il appuie ensuite de traits d'histoire, tissus de sophismes, ornés avec soin d'un vain étalage d'érudition.

Comme je ne compte pas revenir sur Marat, qu'on me
laisse ajouter quelques détails au sujet de son livre, qui en
donneront une idée un peu moins incomplète.

Il n'y parlait pas seulement d'Helvétius, il y parlait aussi
de Voltaire ; il disait : « Le profond Montesquieu, l'inconsé-
quent Voltaire ; » il y professait aussi une sorte de culte pour
Rousseau, qu'il invoquait même comme son dieu, comme
son génie inspirateur : « Sublime Rousseau, prête-moi ta
plume pour célébrer toutes ces merveilles ; prête-moi ce talent enchanteur... etc. »

Voltaire, qu'on ne touchait pas, même en passant, même
d'un mot, impunément et qui dans cette espèce de police littéraire, si on peut le dire, qu'il faisait avec une si vive passion et quelquefois avec tant de justice, Voltaire, qui ne né-
gligeait rien et lisait tout, même le médiocre, lut Marat, et lui

consacra un petit article dont voici quelques traits ; je les rapporte parce qu'il en est un ou deux qui sont en faveur d'Helvétius, et puis ils sont de Voltaire à Marat, ce qui ne laisse pas que d'être piquant. Il va sans dire que le ton du critique est celui du persiflage. Marat ignore et méprise l'histoire ; Voltaire a sa manière de la lui enseigner et de lui en imprimer le respect. Marat a la prétention d'avoir découvert le siége de l'âme ; Voltaire, après s'être moqué de sa découverte, lui dit : « Laissez faire à Dieu, croyez-moi ; lui seul a préparé son hôtellerie, et il ne vous a pas fait son maréchal-des-logis. » — « Vous avez un chapitre intitulé : *Réfutation d'un sophisme de M. Helvétius ;* vous auriez pu parler plus poliment d'un homme qui payait bien ses médecins. Vous l'outragez ; or, il ne faut pas, comme vous le faites, sortir à chaque instant de son sujet, pour s'aller faire des querelles dans la rue. » — « Il est plaisant, dit Voltaire en finissant, et non peut-être sans quelque dépit au sujet de l'admiration passionnée de Marat pour Rousseau, il est plaisant qu'un médecin cite deux romans : la *Nouvelle Héloïse* et l'*Émile,* au lieu de citer Boërhave et Hippocrate. Mais c'est ainsi qu'on écrit trop souvent de nos jours ; on confond tous les genres et tous les styles ; on affecte d'être ampoulé dans une dissertation de physique et de parler de médecine en épigrammes. Chacun fait ses efforts pour surprendre ses lecteurs. On voit partout Arlequin qui fait la cabriole pour égayer le public. »

Je ne sais ce que Marat, aux jours de sa puissance et de sa dictature de la rue, eût conservé de mémoire de cet article de Voltaire, si Voltaire eût encore vécu ; mais il aurait été à

craindre qu'il ne lui eût fait payer un peu cher le trait qu'il
en avait reçu.

Il est temps cependant que je mette un terme à tous ces
détails qui tiennent plus de la biographie que de la critique
philosophique, et que de l'homme, que je crois avoir suffisamment fait connaître, je passe à l'ouvrage, principal objet
de cette étude.

Un mot toutefois encore sur Helvétius avant de le quit-
ter. Une enfance entourée de soins, de sollicitude et d'amour,
une jeunesse favorisée, un âge mûr peu troublé ne lui composent pas une destinée bien laborieuse, bien éprouvée,
telle que fut celle de plus d'un de ses illustres contemporains ;
c'en est une plutôt à laquelle le monde a souri et s'est montré
facile. Même lorsqu'il renonce à sa vie de jeune homme, il
n'emporte pas dans sa retraite une âme fatiguée de la lutte,
ulcérée et souffrante, mais tout au plus dégoûtée de vains
plaisirs et des frivoles succès dont jusque-là elle avait été enivrée. Il ne fait en quelque sorte que changer un bonheur
contre un autre, les joies de la dissipation contre celles du
recueillement. Or, toutes ces circonstances lui forment-elles
une condition propre à imprimer à son talent ce caractère de
vigueur, d'originalité et d'éclat, ou d'exquise délicatesse qui
n'appartient guère qu'aux esprits éminents, façonnés à la
rude discipline des situations difficiles et des douloureux
combats? Et en général ne faut-il pas toujours à l'homme,
pour qu'il produise et mette en dehors, pour qu'il développe
avec grandeur ce qu'il a de puissance intime, de génie ainsi que
de vertu, une excitation, un stimulant et comme un aiguillon pénétrant qui aille aux profondeurs de l'âme y chercher
et y provoquer les hautes facultés et les fortes volontés? Ne

lui faut-il pas pour sa supériorité à un titre ou à un autre,
l'épreuve et l'obstacle ? Et Helvétius eut-il pour s'exercer en
sa force, ce qu'eurent Rousseau, Diderot, d'Alembert et d'autres, la pauvreté, les durs travaux, les pénibles études, les an-
goisses du cœur ou de l'imagination, et en lui l'homme heureux ne nuisit-il pas un peu à l'écrivain et au penseur ? Je ne
sais, et surtout je ne voudrais pas abonder avec lui dans une
de ses opinions les plus contestables, à savoir que tout n'est
en nous, le bien comme le mal, que l'effet des causes diverses
au milieu desquelles nous sommes placés, ce qui n'est pas
moins que nier et les dons de la nature, ou plutôt de la Providence, et les fruits de la liberté, œuvres de l'humanité ; mais
ce qu'il y a de certain c'est qu'Helvétius ne reçut pas des
causes du dehors beaucoup de ces vives et sévères leçons
qui laissent trace dans l'âme et l'instruisent à bien penser ;
c'est que la philosophie ne lui vint pas douloureuse et amère.
et qu'il n'eut pas, je crois pouvoir le dire, cette chose, rare
entre toutes, qui s'appelle le génie ; mais qu'il n'eut pas non
plus ce qui l'excite, le féconde, l'élève et le fortifie, ce concours d'impressions qui ne sont efficaces qu'au prix, souvent
bien cher, de singulières souffrances ; l'épreuve, en un mot,
lui manqua avec ses rigueurs, il est vrai, mais aussi avec ses
bienfaits. Ainsi s'explique, au moins en partie, l'absence de
qualités vraiment éminentes dans ses divers écrits.

Mais je ne puis plus tarder d'aborder en lui-même son livre
de l'Esprit, d'autant, je ne le dissimule pas, que l'examen
que j'en ferai sera peut-être un peu long.

PHILOSOPHIE. (*Livre de l'Esprit.*)

PREMIER DISCOURS.

Un autre genre d'intérêt va succéder à celui qu'on a pu prendre jusqu'ici aux particularités d'une vie qui ne laisse pas en effet que d'avoir quelque chose d'attachant ; ce sera l'intérêt des idées à la place de celui des détails personnels ; celui de la philosophie au lieu de celui de la biographie ; ce sera de l'analyse et de la discussion, ce sera même, à l'occasion, de la doctrine, après le simple récit, mêlé de réflexions, que l'on a d'abord entendu. Ce nouveau sujet néanmoins est loin d'être indigne d'attention ; car de très-graves questions y sont, comme on le sait, engagées.

Pour commencer par ce qui choque dès l'abord dans l'ouvrage d'Helvétius, par le titre, que Voltaire n'approuve pas, et dont on se rappelle qu'il dit : Titre louche, titre inexact et vague, on peut remarquer, avec l'excellent juge que je viens de nommer, que le mot esprit, entendu ici dans le sens d'entendement, d'intelligence, n'est pas pris selon l'usage le plus général de la langue philosophique ; il faudrait au moins dire : esprit humain.

De plus, dans l'acception même que lui donne l'auteur, il varie de telle sorte que tantôt c'est l'assemblage des pensées en général, tantôt celui des pensées neuves et utiles au public, tantôt enfin la faculté de former l'un et l'autre qu'il lui fait exprimer.

Et si on regarde à la matière même de l'ouvrage, ce titre, qui ne devait désigner qu'un traité d'idéologie, en couvre, il

est vrai accessoirement, un de morale et de politique, et
même d'économie politique. Aussi, selon l'observation d'un
des critiques d'Helvétius, ce n'est pas *Esprit* qu'il aurait dû
mettre en tête de son livre, mais *sensation, morale, politique,
société, passions, vertus*, et surtout *mélanges littéraires*, tant
tout y est mêlé et confondu et a caractère de littérature plutôt que de philosophie.

On a supposé que ce qui a induit Helvétius à intituler ainsi
son livre était l'exemple de Montesquieu ; que, pour l'imiter
à la fois et le surpasser peut-être (on sait d'ailleurs le jugement qu'il porta sur l'ouvrage manuscrit que Montesquieu lui
avait communiqué pour en avoir son sentiment : il croyait
que publié il ne pouvait que nuire à la réputation de l'auteur,
et il appuyait son avis de celui de Saurin), il avait dit simplement *Esprit*, afin de marquer par là quelque chose de plus
général et de plus étendu que l'*Esprit des lois ;* en sorte qu'il
serait venu pour élargir les voies ouvertes par Montesquieu,
pour être le philosophe de tout point de la chose dont Montesquieu n'aurait été le philosophe qu'en un point, et que,
dans l'opinion de l'auteur, ce ne serait pas la *préface*, comme
le dit Diderot, mais le couronnement de l'*Esprit des lois*,
que serait destiné à être le livre *de l'Esprit*. Je n'oserais pour
mon compte prêter cette fausse ambition à Helvétius ; mais
s'il l'avait eue il se serait fait une étrange illusion ; car des
deux, outre leurs autres différences, celui qui généralise véritablement, c'est-à-dire celui qui a la vue ferme et profonde,
le sens pénétrant et sûr, le génie du général, ce n'est certes
pas l'auteur de l'*Esprit*, c'est celui de l'*Esprit des lois* (1).

---

(1) On peut encore remarquer, au sujet de ce titre, avec l'abbé de Li-

Le livre *de l'Esprit* se compose de quatre discours, dont le premier traite de l'Esprit en lui même ; le deuxième de l'Esprit par rapport à la société ; le troisième de la manière dont se forme l'Esprit ; le quatrième des différents noms de l'Esprit.

Dans le premier discours, l'auteur ne dit ni tout ce qu'il y aurait à dire de l'esprit considéré en lui-même, ni dans la mesure où il conviendrait de l'exprimer. Ainsi il disserte bien des causes qui déterminent les vices de l'esprit, mais il ne s'occupe pas de celles qui font ses qualités ; ainsi encore, ne parlant que très-épisodiquement du luxe, il ne s'en livre

---

gnac, que, quand Helvétius définit l'Esprit une collection d'idées neuves, utiles ou agréables, il confond l'œuvre de l'esprit avec l'esprit lui-même. Un livre n'est pas l'esprit, mais la production de l'esprit d'un auteur. En outre, cette définition confond l'homme d'esprit avec l'homme de génie. C'est moins la nouveauté des idées que la manière de les présenter qui décèle un homme d'esprit. On a donc tort de caractériser l'esprit par la nouveauté des idées, il est plutôt le metteur en œuvre des idées ; le génie découvre des vérités nouvelles, l'esprit les orne. Un homme peut même avoir beaucoup d'idées neuves sans être un homme d'esprit, exemple : un géomètre. Et puis l'esprit ne s'exerce pas seulement sur les idées ; comme l'orgue, il a des jeux différents, et il s'adresse également à l'imagination et au cœur, et c'est par le cœur et l'imagination qu'il s'y adresse ; c'est l'homme tout entier dans ce qu'il y a de plus fin et de plus délicat qui parle à l'homme tout entier. Les femmes, par exemple, est-ce seulement par les idées et un grand fonds d'idées qu'elles ont de l'esprit ? Les femmes savantes et méditatives ne sont pas les femmes spirituelles ; celles qui brillent par l'esprit abondent en images et en images vraies, elles ont le sentiment vif et exquis, et s'il est réglé par la décence, il est plus délicat que le nôtre. Telles sont quelques-unes des observations de l'abbé de Lignac sur le point dont il s'agit.

pas moins sur ce sujet à des développements disproportionnés.

Le second discours, dans lequel il s'agit de l'esprit par rapport à la société, renferme vingt-six chapitres assez mal liés entre eux et destinés à établir cette proposition, que « l'intérêt est l'unique mobile de l'estime et du mépris attachés aux idées de l'homme; » et à ce propos, et plus longuement, par forme de comparaison, l'auteur s'efforce de prouver que l'intérêt est également la règle d'appréciation de la probité et de la vertu.

Dans le troisième discours, qui roule sur cette question : si l'esprit est un don de la nature ou un effet de l'éducation, vient, à la suite de quelques observations sur les sens et la mémoire, toute une analyse des passions et de l'amour en particulier, suivie d'une centaine de pages sur le despotisme, qui ne se rattachent évidemment que d'une manière indirecte au sujet, et cela sans aucune proportion,

Le quatrième discours, relatif aux différents noms que reçoit l'esprit, n'est qu'un appendice qui pourrait sans inconvénient être réuni au premier.

Cette disposition générale de l'ouvrage n'a donc, comme on le voit, rien de bien rigoureux, et elle est loin de le faire valoir, elle en trahit plutôt les défauts.

Aussi d'avance je n'hésite pas à le dire, ce n'est pas un bon livre. Il ne l'est pas littérairement; car, outre que le plan en est vicieux, l'exécution en laisse beaucoup à désirer; le principal s'y perd dans l'accessoire, la philosophie dans l'anecdote, la théorie dans les prétendus traits d'histoire, et même dans des historiettes, qui étaient peut-être ce que Mme de Graffigny appelait des balayures de son salon. Il y rè-

gne une mauvaise manière de s'exprimer, quoique non parfois sans certains mérites, tels que l'éclat et la chaleur, mais
mêlés trop souvent à la déclamation et à l'emphase, ou à un
langage sèchement didactique; en tout c'est un style qui
manque de simplicité, d'unité, de force et surtout d'originalité, et qui n'a, pour se racheter de ces graves défauts, qu'un
certain mouvement général, une certaine élégance, des traits
de finesse et quelques détails piquants.

Mais quand j'ai dit que le livre *de l'Esprit* n'est pas un
bon livre, c'est surtout à un autre point de vue que je l'ai entendu; c'est au point de vue de la doctrine, et de la doctrine
morale principalement.

Quand il aurait à cet égard, comme on l'a prétendu, dit
le secret de tout le monde en son temps, ce qui est loin d'ê-
tre exact, ce ne serait pas une raison pour ne pas le juger
aussi sévèrement, puisque dans ce cas la société, dont il ex-
primerait les sentiments, ne représenterait l'humanité qu'en
un de ses plus tristes et plus honteux côtés. Mais le livre
de l'Esprit n'est certainement pas plus l'expression du
XVIIIᵉ siècle que l'*Esprit des lois* et l'*Émile;* il l'est même
beaucoup moins : il n'en rend pas surtout cet amour généreux, cette noble passion de l'humanité qui ne parle pas
seulement, mais agit et pratique, qui a son éloquence et ses
œuvres, et finit par cette grande chose dont certes on ne
peut pas dire qu'elle soit mauvaise en son principe et qu'on
nomme la révolution. Le livre *de l'Esprit* peut bien être
compté parmi les livres du siècle, mais non comme une de
ses plus fidèles manifestations.

Il y a même, sous ce rapport, à faire une remarque que je
crois juste. Helvétius a été moins loin sans doute dans sa

fausse philosophie que certains de ses contemporains, et il a cependant peut-être fait un livre plus dangereux. Voici comment je l'entends : Voltaire dit quelque part : « Vous êtes très-confus, Benoît Spinosa; mais êtes-vous aussi dangereux qu'on le dit? Je soutiens que non, et ma raison c'est que vous êtes confus, que vous avez écrit en mauvais latin, et qu'il n'y a pas dix personnes en Europe qui vous lisent d'un bout à l'autre. Quel est l'auteur dangereux? C'est celui qui est lu par les oisifs de la cour et par les dames. » C'est dans ce sens que j'estime Helvétius plus dangereux que d'autres; lu par les esprits frivoles et inexpérimentés, par les femmes, par les gens du monde, par les jeunes gens surtout, il peut avoir sur leur âme la plus fâcheuse influence. Je parle ici plus particulièrement pour ces derniers, auxquels ces études, avant de prendre la forme de mémoires, s'adressent comme leçons et doivent témoigner de la sollicitude du maître pour ceux qui reçoivent son enseignement.

D'autres mauvais livres, comme malheureusement il fut produit plus d'un fameux au XVIIIe siècle, peuvent leur tomber entre les mains; mais, dissertations ou romans, ils sont de si peu d'agrément ou de tant de licence que le lecteur d'abord averti ne se sent bien séduit ni dans son goût peu charmé ni dans sa conscience offensée. Mais ici il n'en est pas précisément de même; il y a comme enseigne et profession de sagesse, d'expérience du monde, de connaissance des hommes et au moins relativement une certaine retenue, à laquelle cependant il ne faudrait pas trop accorder. C'est un galant homme, c'est un honnête homme qui parle, qui s'offre à la jeunesse pour la guider, lui enseigner le vrai chemin de la vie. Il semble un de ces maîtres comme on en trouve à son

entrée dans le monde et qui viennent vous dire : Ce que vous
avez appris dans vos livres, dans vos écoles et même dans
votre famille était bon pour votre enfance ; c'était la vérité
de cet âge ; mais ce n'est pas celle de l'âge où vous êtes arrivé,
celle qui vous doit représenter la société telle que vous al-
lez désormais la trouver. Cette vérité nouvelle, vous l'igno-
rez ; apprenez-la de nous. Fiez-vous-en à nous pour vous en
instruire ; changez votre science contre la nôtre ; vous n'au-
rez qu'à vous en féliciter.

Il y a certainement dans ces discours de quoi faire illusion
à de jeunes esprits, de quoi les séduire et les gagner. Eh bien !
c'est un peu là l'attrait d'Helvétius ; il inspire, à qui, il est
vrai, ne sait pas assez se garder, une sorte de confiance ; il a
l'autorité d'un sage selon le monde et l'art de mêler à des
thèses philosophiques des traits et des images, des peintures
et des anecdotes propres à les mieux insinuer et à les faire
passer dans les âmes. On a dit de lui qu'il était La Rochefoucauld délayé, mais il l'est en tableaux qui peuvent plus
que de simples maximes toucher l'imagination et corrompre
le cœur. Voilà en quoi son livre est plus particulièrement
dangereux.

Le livre *de l'Esprit* n'est donc pas un bon livre. Mais alors,
me dira-t-on, pourquoi vous y arrêter avec une sorte de complaisance ? — Parce qu'il n'est pas un bon livre, parce qu'il a eu
sa vogue, sa faveur, son crédit même ; parce qu'il a été beaucoup lu et qu'il peut l'être encore, et ne l'être pas impunément ; parce que, si peu philosophique qu'il soit au fond, il
a cependant apparence de philosophie, et que, sans avoir beaucoup d'admirateurs, il peut ne pas manquer de partisans.

Mais c'est assez de préambules, et, arrivant enfin au corps

même de l'ouvrage, je vais suivre l'auteur dans l'examen de toutes les principales questions qu'il entreprend successivement de traiter.

Dans sa préface, il nous dit que l'objet qu'il se propose est non-seulement intéressant, mais neuf; que c'est l'esprit considéré d'une manière plus complète qu'il ne l'a été avant lui; que quelques-unes de ses idées paraîtront peut-être hasardées, mais qu'on doit se rappeler que ce n'est souvent qu'à la hardiesse des tentatives qu'on doit la découverte des plus grandes vérités.

N'est-ce pas beaucoup annoncer, beaucoup promettre que d'avancer de telles prétentions? Et quelle grande nouveauté, quelle grande vérité y a-t-il à soutenir, ce qui est le fond du livre, que toutes nos idées viennent des sens; que toutes nos actions se ramènent à l'intérêt; et que l'esprit est un effet de l'éducation plutôt qu'un don de la nature? Le neuf, si neuf il y a, n'est ici que faux ou problématique, pour rappeler le mot de Voltaire.

Dans son premier discours, recherchant ce qu'est l'esprit en lui-même, il commence par le définir et lui marquer deux principales acceptions : c'est, selon lui, l'effet de la faculté de penser, c'est-à-dire l'assemblage des pensées d'un homme, ou la faculté même de penser. Pour savoir, par conséquent, ce qu'est l'esprit dans l'un comme dans l'autre sens, il faut connaître quelles sont les causes productrices de nos idées. Or, ces causes sont deux puissances passives : l'une, celle de recevoir les impressions que font sur nous les choses extérieures, c'est la sensibilité physique ; l'autre, celle de conserver ces impressions, c'est la mémoire, qui n'est qu'une sensibilité continuée, mais affaiblie.

7

Ces puissances ne nous fourniraient cependant qu'un petit nombre d'idées si elles n'étaient jointes en nous à une
certaine organisation extérieure, qui fait notre supériorité.
« Si la nature, dit Helvétius dans un passage resté célèbre,
au lieu de mains et de doigts flexibles, eût terminé nos poi-
gnets par un pied de cheval, qui doute que les hommes sans
art, sans habileté, sans défense contre les animaux, tout occupés du soin de pourvoir à leur nourriture et d'éviter les
bêtes féroces, ne fussent encore errants dans les forêts, comme
des troupeaux fugitifs (p. 121). » Sur quoi un excellent juge
dit ce mot : Je n'en doute pas, en effet, si une partie des
hommes étaient des chevaux, les autres monteraient des-
sus (1). Sur quoi Voltaire dit aussi : « Ce n'est pas parce que
les singes ont les mains différentes des nôtres qu'ils ont
moins de pensées, car ils ont leurs mains comme les nôtres.»

Il est vrai que, si Helvétius rencontre ici de tels adversai-
res, il a pour soutien Diderot, qui ne lui est pas, au reste,
comme nous le verrons et comme je l'ai déjà montré, aussi
favorable sur d'autres points et qui, ici même, l'expose et le
traduit en de tels termes qu'il finit par en faire involontai-
rement la critique. En effet, voici comment il s'exprime :

« Allongez à un homme le museau ; figurez-lui le nez, les
yeux, les dents, les oreilles comme à un chien ; couvrez-le
de poil, mettez-le à quatre pattes, et cet homme, fût-il un
docteur en Sorbonne, ainsi métamorphosé, fera toutes les
fonctions d'un chien : il aboiera au lieu d'argumenter, il ron-
gera des os au lieu de résoudre des sophismes ; son activité
principale se ramassera vers l'odorat ; il aura presque toute

(1) M. Villemain.

son âme dans le nez et il suivra un lapin ou un lièvre à la piste, au lieu d'éventer un athée ou un hérétique. D'un autre côté, prenez un chien, dressez-le sur les pieds de derrière, arrondissez-lui la tête, raccourcissez-lui le museau, ôtez-lui le poil et la queue, et vous en ferez un docteur réfléchissant profondément sur les mystères de la prédestination et de la grâce. Si l'on considère, poursuit Diderot, qu'un homme ne diffère d'un autre homme que par l'organisation, et ne diffère de lui-même que par la variété qui survient dans ses organes, si on le voit balbutiant dans l'enfance, raisonnant dans l'âge mûr, balbutiant derechef dans la vieillesse, et tel qu'il est dans l'état de santé, de maladie, de tranquillité et de passion, on ne sera pas éloigné de ce système. »

Il se peut, mais ce ne sera pas du moins la manière dont le présente Diderot qui nous en rapprochera; car il n'était guère possible d'en mieux faire saillir la flagrante témérité.

Dans la suite de ce premier discours, Helvétius s'attache à montrer que la sensibilité physique et la mémoire, ou, pour mieux dire, la sensibilité seule, produit toutes nos idées, puisque la mémoire n'est que la sensation et que se souvenir n'est proprement que sentir (p. 130); tout comme apercevoir des ressemblances et des différences ou juger; ce qu'il essaye de démontrer par différents exemples. Et de cette explication de nos idées et de nos jugements, passant à ce qui les rend faux, il en indique trois causes : la passion, l'ignorance et l'abus des mots.

Les passions nous trompent, parce que, au lieu de nous laisser voir toutes les faces des objets, elles ne nous permettent que d'en considérer une; c'est ce que marque bien ce mot d'une femme à son amant, dit Helvétius : « Ah! perfide, tu

ne m'aimes plus; tu crois plus à ce que tu vois qu'à ce que
je te dis (p. 138). » Nous errons par ignorance, quand, faute
d'étude et de mémoire, nous ne savons ou ne nous rappelons
pas tous les faits dont nous avons à juger. C'est à quoi nous
sommes exposés dans toutes les questions un peu difficiles,
comme par exemple celle du luxe. Et ici se place cette longue
dissertation sur le luxe qui est sans proportion avec le reste
du discours (de la p. 139 à la p. 158). La troisième cause
d'erreur est l'abus des mots, dont l'auteur essaye de rendre
compte en insistant plus particulièrement sur les mots
matière, *espace*, *infini*, *liberté*, de manière à en tirer des
inductions favorables à l'hypothèse sensualiste. Vers la fin
du discours il cite Malebranche et lui attribue le traité de la
Prémotion physique, erreur que relève Voltaire et qui rentre
dans la classe de celles qu'on ne peut rapporter ni aux passions ni à l'abus des mots.

Du reste, dans tout ce début de son ouvrage, Helvétius
n'est visiblement qu'un disciple, mais un disciple à outrance,
et sans en être plus fort, de Locke, dont il profite peu et
dont il abuse beaucoup.

Maintenant dois-je passer en revue toutes les opinions
particulières qu'Helvétius introduit ici incidemment, telles
que sa négation de la liberté, son doute, si ce n'est pis, sur
la spiritualité de l'âme; son affirmation de l'activité, et par
suite de la sensibilité de la matière, sa manière de ramener
l'espace à la matière, qu'il est fort porté à admettre seule, et
enfin sa disposition passablement sceptique à ne reconnaître
de vérités que celles que nous livre la sensation? Je ne le
pense pas; ce serait, me laissant gagner aux procédés de
mon auteur, courir sur ses pas d'une disgression à une autre,

traiter de mille choses diverses épisodiquement, et compliquer ainsi sans méthode une étude déjà assez embarrassante en elle-même. Je préfère élaguer, simplifier, négliger l'accessoire pour m'attacher au principal, et m'en tenir à ce qui est proprement et éminemment l'objet même du livre.

Dans cette vue je n'ai donc pas à m'étendre davantage sur l'analyse du premier discours; il me reste à l'apprécier dans ce qu'il renferme d'essentiel.

Et d'abord que signifie cette étrange doctrine (la même au fond que celle que plus tard il soutiendra au sujet de l'éducation et qui consiste à dire que tout homme est capable de toutes choses, au moyen des circonstances dans lesquelles on le place), que signifie, dis-je, cette doctrine de l'assimilation possible de l'homme avec la brute? C'est qu'il n'est lui-même rien de précis en nature, mais qu'il devient et se fait tout, selon le concours des causes qui agissent sur lui ; qu'il n'est de première institution ni ceci ni cela, ni une chose ni une autre, rien de déterminé et de fixe, mais une simple aptitude, une puissance vague, une table rase en un mot sur laquelle tout peut indifféremment s'imprimer et se peindre, c'est-à-dire qu'en lui le dedans est livré tout entier et sans résistance au dehors, prêt à en tout recevoir, à se plier docile et souple à toutes les impressions qui lui en viennent; de sorte que dans chacun de nous il y a de tout également, ou plutôt il n'y a de rien et qu'on y peut tout mettre, y compris le cheval, et même si l'on veut l'autruche, et pourquoi pas la carpe, et la plante et la pierre, puisque nous n'avons, par hypothèse du moins, nulle constitution fixée, nulle destination marquée : système qui, généralisé, revient à dire que tout est dans tout, tout animal dans chaque animal, toute plante dans chaque plante, tout minéral dans chaque minéral, et bien plus que le minéral à son tour est dans la plante, et la plante dans l'animal, et qu'ainsi tout au fond ne fait qu'un et ne devient divers que par évolution et développement.

Or, que penser de ce système?

Bonnet, de Genève, a dit, par allusion au passage d'Helvétius que j'ai cité plus haut : « Le cerveau du cheval répond à sa botte; et quand même on détruirait l'organisation du pied du quadrupède, la botte subsisterait encore dans le *sensorium* ou le cerveau, ce qui empêcherait le cheval de devenir homme. » Cette juste remarque nous met sur la voie de quelques réflexions qui, je l'espère, laisseront peu de crédit à l'opinion d'Helvétius.

Il y a une grande loi de zoologie en vertu de laquelle ce que suppose Helvétius est tout simplement impossible; cette loi est celle de la corrélation des organes, à laquelle il faut joindre celle de leur subordination, dont je dirai aussi un mot. Cette première loi veut que les organes dont les animaux sont pourvus soient tellement faits les uns pour les autres, se correspondent et s'entretiennent tellement qu'ils forment entre eux un tout, un ensemble, une composition qui n'a rien d'arbitraire, et ne se prête ni à de certaines additions ni à de certains retranchements. En sorte que, comme le dit un physiologiste éminent (1), les combinaisons organiques ne sont pas libres; tous les rapports y sont déterminés nécessairement. Certaines parties s'appellent et d'autres s'excluent. Il y a des combinaisons impossi-

---

(1) M. Flourens.

bles; et il y en a de nécessaires. Toutes les complications imaginables n'existent pas, puisqu'il y a des combinaisons impossibles; ni toutes les simplifications, puisqu'il y a des combinaisons nécessaires. Comme exemples de cette loi on peut citer le rapport des organes de la respiration avec ceux du mouvement; celui de ces mêmes organes avec ceux de la digestion; celui des organes de la digestion elle-même avec les appareils extérieurs destinés à la nutrition. Ainsi, ce n'est pas par hasard que des dents tranchantes conviennent avec un estomac simple; et des dents plates avec un estomac multiple; un animal carnassier a nécessairement des dents tranchantes, un estomac simple, des doigts divisés et mobiles pour saisir sa proie, et jusque dans le cerveau une disposition qui le pousse à se nourrir de chair.

Et non-seulement il y a corrélation entre les organes, mais il y a subordination des uns à l'égard des autres. Les organes de la locomotion sont subordonnés à ceux de la digestion, ceux de la circulation à ceux de la respiration, et tous à ceux du système nerveux. Aussi, la forme du système nerveux détermine celle de tout l'animal, et la raison en est simple; c'est qu'en principe le système nerveux est tout l'animal et que les autres n'y sont joints que pour le servir et le seconder. Dans l'homme, par exemple, l'encéphale se compose de trois parties: le cerveau proprement dit, siége exclusif de l'intelligence : le cervelet, siége de la force qui détermine et règle le mouvement; la moelle allongée, siége de celle qui produit la respiration. Or, l'encéphale dans sa composition décide du reste de l'organisation, et il implique tout un ordre d'appareils à son usage, qui fonctionnent sous sa dépendance et répondent à ses besoins.

Telle est dans sa généralité la double loi qui préside à l'é-
conomie animale.

Si maintenant, cette double loi sous les yeux, on veut juger avec quelque rigueur l'opinion d'Helvétius, il ne sera
pas difficile d'en saisir le défaut et, j'ajoute, le ridicule.
Ainsi on peut lui dire : Vous pensez qu'en donnant au cheval les mains de l'homme on lui en donnera l'esprit. On ne
lui en donnera rien, on le réduira seulement à l'impossibilité
de vivre comme cheval. Pour en faire quelque chose comme
l'homme, il faudrait d'abord lui en prêter l'âme; puis avec
l'âme le cerveau, qui n'est pas dans l'homme ce qu'il est dans
le cheval; et avec le cerveau ce qui en est une dépendance, ses
divers instruments d'action; il faudrait défaire le cheval d'un
bout à l'autre, et le faire homme de toute pièce; alors en effet
il pourrait être intelligent comme l'homme; car il ne serait plus
le cheval, il serait l'homme, il serait le cheval fait homme.

Mais supposer qu'en lui prêtant simplement les mains de
l'homme on lui en prêterait la pensée, c'est supposer qu'en
lui attribuant aussi par une autre combinaison les griffes du
tigre et du lion on en ferait un lion ou un tigre; on n'en
ferait qu'une impossibilité, impossibilité du même genre
que celle qui consisterait à convertir l'oiseau en poisson en
lui donnant des nageoires, ou le poisson en oiseau en lui
donnant des ailes. On ne renverse pas ainsi l'ordre de la nature, on ne franchit pas par caprice les lignes sévères qu'elle
a tracées entre ses domaines vraiment distincts; on ne confond pas l'œuvre de Dieu, on ne la défait pas et on ne la re-
fait pas à plaisir, et si on la peut modifier dans ce qu'elle a
d'accidentel, elle résiste et demeure stable dans ce qu'elle a
d'essentiel. Les essences ne changent pas, elles ne se trans-

forment pas les unes dans les autres, celle de l'animal dans
celle de la plante, celle de la plante dans celle de la pierre et
réciproquement : et non-seulement elles subsistent également
dans les différents ordres de chaque règne ; mais il y a,
pour me servir ici des termes de la science, des embranche-
ments, des circonvallations et comme des sauts, qui empêchent que tout animal puisse devenir un autre animal, toute
plante une autre plante, toute pierre une autre pierre et
réciproquement. Ni tout ne se tire de tout, ni tout se ramène
à tout. S'il en était autrement, la création ne serait que confusion, et le créateur ne serait rien moins qu'ordonnateur.
Dans l'incréé comme dans le créé tout serait en puissance, et
rien jamais en acte, c'est-à-dire que rien n'y serait défini,
établi et durable, et que tout y serait incertain, mobile et
passager ; d'où suivrait, avec un monde qui ne serait rien de
déterminé, un Dieu qui n'aurait pas plus de caractère ; un
monde où tout pourrait indistinctement se faire, et un Dieu
disposé lui-même à tout laisser se faire, un Dieu et un monde
vagues au lieu d'un Dieu et d'un monde précis ; un Dieu bien
près de n'être rien, tant il serait vide d'attributs, et un
monde qui ne serait proprement aucune chose, tant il por-
terait peu de marques d'ordre et de stabilité ; un Dieu neu-
tre et indifférent qui laisserait aller et comme s'écouler une
création toute d'aventure, et un monde en tout point digne
d'une telle origine ; en un mot, un Dieu qui ne serait pas le
bien, et un monde qui ne serait pas une bonne chose, tels
seraient le Dieu et le monde du système que je combats ;
serait-ce encore le vrai Dieu ? Serait-ce le vrai monde ?
Le lecteur en jugera, il jugera par conséquent si Helvétius, qui dans sa théorie ne va pas jusque-là, mais y tend né-

cessairement, en est plus fort sur le point auquel il s'est borné.

Du reste, et pour finir par une dernière remarque sur ce discours, je rappellerai que quand l'auteur y enseigne que la sensibilité physique est la cause productrice de l'esprit ou des idées, il entend par là que c'est une seule et même faculté, la perception externe, qui produit toutes nos idées, et que cette faculté appartient aux organes.

Or, après tout ce qui a été objecté avec grande raison à une telle doctrine, je n'ai pas besoin de démontrer, et il me suffit d'affirmer que, si nous n'avons en effet qu'une faculté pour tout connaître, cette faculté n'est pas la perception externe, laquelle n'est dans l'âme que le pouvoir limité de connaître les choses sensibles, mais l'intelligence ou l'entendement, pris dans toute sa généralité, et capable par là même de toute espèce d'idées, quels qu'en soient les objets ; il me suffit en outre d'affirmer que cette faculté n'appartient pas à la matière, parce que la matière ne pense pas, ne connaît pas, n'agit pas, parce que, en un mot, elle n'est pas l'âme et n'en a pas les attributs.

Il n'y a rien eu à cet égard d'opposé aux divers auteurs, partisans du même système, qui ne puisse l'être également à Helvétius lui-même ; et en particulier il n'y a pas un des arguments dont j'ai fait usage contre de Lamettrie, d'Holbach et Diderot qui ne fût ici à sa place. Je ne les reproduirai donc pas, je me contenterai d'y renvoyer ; j'y joindrai seulement une observation : Helvétius affecte de ne pas vouloir prononcer sur la question de la spiritualité de la substance qui pense ; mais il ne l'en résout pas moins dans le sens matérialiste, d'abord parce que c'est à la sensibilité physique qu'il rapporte toutes les idées, ensuite parce qu'il ne reconnaît, en conséquence, que des idées sensibles ou relatives aux corps. On peut même dire qu'Helvétius est, à un certain point de vue, plus matérialiste qu'un autre ; car, comme c'est surtout aux organes de la vie de relation, aux mains et aux pieds, par exemple, qu'il attribue le grand rôle dans la production des idées, il est certainement par là plus grossier dans son système que ceux qui, avant tout, font honneur de cette fonction supérieure au plus intime, au plus délicat, au premier de nos organes, à la maîtresse pièce de la machine, en un mot au cerveau ; ceux-là du moins sont plus prêts à mieux entendre et à mieux expliquer le mécanisme et le jeu de l'instrument de la pensée.

Quoi qu'il en soit, je n'ai plus à discuter le principe d'Helvétius ; et comme il n'est en outre, dans ce premier discours, aucun point de quelque importance que j'aie encore à examiner, je passe au deuxième, sur lequel je serai, je dois en avertir, beaucoup plus long, si bien même que j'ai besoin d'une sorte de préface pour indiquer et justifier à la fois le travail étendu dont il sera pour moi le motif et l'occasion.

DEUXIÈME DISCOURS.

Le sujet de ce discours est la doctrine de l'intérêt ; or, au fond de cette doctrine il y a une théorie de l'amour. Il s'agira d'apprécier cette théorie, et, pour la mieux apprécier, d'en proposer une autre, à l'aide de laquelle on puisse plus exactement la discuter et la contrôler.

A cette fin certains développements me paraissent indispensables, et c'est là précisément ce qui m'embarrasse et m'arrête, et par suite exige quelques explications.

Je l'avoue, je ne puis consentir à ne voir dans l'histoire

8.

de la philosophie que cette histoire elle-même ; j'y vois de
plus et avant tout la philosophie proprement dite. L'histoire
comme moyen, et la philosophie comme but; l'histoire pour
commencer, et la philosophie pour finir ; l'une comme exercice, préparation et forte discipline de l'intelligence; l'autre
comme progrès ultérieur, forme plus avancée et œuvre finale de la pensée : voilà quel est à mes yeux leur rapport
véritable, l'histoire pour l'histoire, et sans regard à la philosophie, sans aucun dessein philosophique, aurait encore son
intérêt, celui qui s'attache à l'étude de toute doctrine de
quelque valeur dans le passé. Mais elle n'aurait plus son
mobile le plus élevé et le plus puissant, celui qui naît de la
vérité à connaître en elle-même, à rechercher et à saisir
par ses propres réflexions. Qu'est-ce au fond, et dans son
essence, que l'histoire de la philosophie? un long et fécond
commerce avec les plus éminents des esprits qui se sont
appliqués à la connaissance de Dieu, de soi-même et du
monde. Or, comment vivre longtemps dans cette forte intimité sans essayer à son tour de mettre de tels exemples à
profit, sans tenter, dans la mesure d'une sage indépendance,
de faire aussi pour sa part acte de libre raison et de philosophie? Comment rester toujours à l'état de critique et ne pas
aspirer, si modestement qu'on s'y porte, à celui de penseur?
En tout l'histoire est une école; en philosophie, elle doit être
une école de philosophie; le serait-elle, en effet, si on se
bornait à y apprendre ce que d'autres ont pensé, sans jamais s'y exciter à penser par soi-même? Un peu de philosophie au terme de l'histoire n'est certainement pas un excès,
et la maxime qui dit : Non l'histoire pour l'histoire, mais
l'histoire pour la philosophie, n'est certes pas une témérité ;

il faudrait bien plutôt y voir l'expression d'une sagesse qui ne se confie qu'après épreuve en elle-même.

Si ce peu de mots suffisent pour protester contre l'opinion qui tiendrait à faire de l'histoire de la philosophie une œuvre d'érudition et nullement de philosophie, j'aurai maintenant moins mauvaise grâce à annoncer qu'après avoir exposé et discuté la théorie de l'amour contenue dans le deuxième discours du livre *de l'Esprit*, j'aurai à en proposer moi-même une autre, sous la forme d'une solution à cette double question : Qu'est-ce qu'aimer, et qu'aimons-nous ?

Je commencerai par faire remarquer, dans ce deuxième discours, un grand défaut de composition, dont on n'a peut-être pas toujours été assez frappé. L'auteur n'y veut, en principe, établir que cette thèse, savoir : « Que l'esprit, ce sont ses termes, ne s'estime que par l'intérêt qu'on y trouve ; » mais il y en mêle incidemment une autre, qui est que la vertu ne s'estime également que par l'utilité qu'elle procure. Or, contre ce que lui commandaient l'ordre naturel de ses pensées et la fidélité à son premier dessein, il finit par donner à celle-ci, comparativement à celle-là, un tel développement et de telles proportions, qu'il la fait insensiblement passer du second plan sur le premier, et que, pour des yeux même assez attentifs, il peut sembler, en dernière fin, que ce qui l'occupe avant tout, c'est la doctrine de l'intérêt dans son acception la plus générale et la plus commune, et non l'application, on peut le dire, singulière, qu'il en fait à l'appréciation des qualités de l'esprit. Or, c'est là évidemment une confusion, un défaut de composition, je le répète, qu'il importe de relever.

Que, pour s'en convaincre en effet, on veuille bien suivre
l'auteur dans le long parallèle qu'il institue, point par point,
entre les deux termes qu'il compare, entre l'esprit et la probité, et on n'aura pas de peine à reconnaître qu'il tend
constamment à y faire prédominer celui-ci sur celui-là, et à
développer sans proportion ce qui se rapporte à l'un aux
dépens de ce qui touche à l'autre.

Ainsi, il veut d'abord montrer que, dans les relations les
plus particulières, dans celles qui constituent la société
d'homme à homme, « chacun donne le nom d'esprit à l'habitude des idées qui lui sont utiles, comme instructives ou
agréables. » Or, dans cette vue, que fait-il? il entre dans de
longues explications pour prouver qu'il en est de même de
la probité, considérée dans de semblables relations, et qu'elle
aussi, « chacun ne l'appelle dans autrui que l'habitude des
actions qui lui sont utiles; » et, à ce sujet, sentant bien que
cette proposition ne saurait aller toute seule, il ajoute : « Il
y a, il est vrai, quelques hommes auxquels un heureux naturel, un désir vif de la gloire et de l'estime inspirent
pour la justice et la vertu le même amour que la plupart
des hommes ont pour la richesse et la grandeur (p. 180). »
Mais la classe la plus nombreuse ne donne le nom d'honnêtes
qu'aux actions qui lui sont personnellement utiles. Un juge
absout un coupable, un ministre élève un sujet indigne; l'un
et l'autre sont justes aux yeux de leurs protégés (p. 182); il
n'y a même point de crimes qui ne soient mis au rang des
actes honnêtes par les personnes auxquelles ces crimes sont
utiles. « On obéit toujours à son intérêt, et l'on juge de
toutes les actions en conséquence. » Si l'univers physique est
soumis aux lois du mouvement, l'univers moral l'est à celle

de l'intérêt, ou à cette espèce de gravitation de soi sur soi, comme l'appelle d'Holbach, à laquelle chacun cède. Avant d'aller plus loin, et sans discuter encore cette théorie d'Helvétius, il convient néanmoins de noter ici l'espèce d'exception qu'il y fait en passant, et sans qu'elle semble à ses yeux tirer à conséquence, lorsqu'il parle de ces hommes qui ne sont pas conduits par l'intérêt, et recherchent la justice et la vertu par un autre motif que celui de l'utile. Il y a donc, peut-on lui demander, de la justice et de la vertu indépendamment de l'utile? Il y a donc, dans le cœur humain, une autre règle de détermination, un autre principe de conduite que l'intérêt personnel? Mais alors que devient cette prétendue loi du monde moral, cette espèce de gravitation d'un autre ordre, qui, comme celle qui pousse les corps, doit être universelle? Est-ce encore une loi? Du reste, à quoi tend tout ce raisonnement? A conclure, par suite de l'analogie établie en principe par l'auteur entre la probité et l'esprit, que l'esprit n'a pareillement de mesure d'appréciation que l'intérêt qu'il présente. D'où, pour prendre de ces exemples trop familiers à Helvétius, et que lui reproche Voltaire, l'estime qu'on doit faire de Marcel, le maître de danse, de Ninon et de la Lecouvreur, à cause de leurs pensées, qui, traduites en actes, ici en galanteries, là en belles façons, ont droit, aux yeux de l'auteur, à être jugées avec faveur; ces personnes ont leur utilité dans le plaisir qu'elles procurent. « De sorte que, comme le dit encore Helvétius, pour estimer les idées d'autrui il faut être intéressé à les estimer. »

Ce n'est pas qu'il n'y ait, reprend-il, comme au sujet de la probité, quelques hommes amis du vrai, quelques philosophes, quelques jeunes gens qui estiment avant tout les idées vraies et lumineuses ; mais le plus grand nombre fait autrement, et, en matière d'idées comme en matière d'actions, règle son jugement sur son intérêt. « Car il y a pour nous nécessité de n'estimer que nous dans les autres (p. 195). » Mais s'il y a une telle nécessité, peut-on répondre à son tour, pourquoi certains hommes, au dire même de l'auteur, y échappent-ils ? pourquoi ont-ils une autre mesure d'appréciation ? quelle est encore ici cette nouvelle exception, qui tourne évidemment contre la théorie dont il s'agit ? Elle ne l'arrête cependant pas ; et, reproduisant sa thèse sous un aspect ou plutôt à un degré nouveau, il essaye de prouver qu'il en est de l'esprit, par rapport à une société plus étendue, comme à l'égard de celle de particulier à particulier ; et, dans ce but, il revient à son procédé habituel de la comparaison de l'esprit avec la probité, à laquelle il fait toujours, dans ses développements, la part beaucoup plus large.

Qu'estime une société, qui, sans être encore publique, n'est plus cependant tout à fait privée, dans la conduite et les actions d'autrui ? l'intérêt qu'elle y trouve. Seulement, quand elle est animée de vues trop limitées, trop personnelles, au lieu de considérer l'intérêt le plus général, c'est un intérêt plus borné qu'elle consulte et écoute ; en quoi elle se trompe et se fait illusion. « Aussi, le moyen, dit Helvétius, d'échapper aux séductions des sociétés particulières, et de conserver une vertu inébranlable au choc des intérêts particuliers, est de prendre dans toutes ses déterminations conseil de l'intérêt public (p. 210). »

Prendre conseil de l'intérêt public ! qu'est-ce à dire ?

D'abord y a-t-il un autre intérêt que l'intérêt privé, et la prétendue publicité dont il s'agit ici n'est-elle point simplement une affaire de chiffres, qui ne signifie autre chose, sinon qu'un plus ou moins grand nombre d'individus ont chacun en particulier le même intérêt personnel? Ensuite, qu'est-ce dans ce cas que consulter l'intérêt public? N'est-ce pas uniquement regarder si son intérêt propre est celui du grand nombre, et ne faire état de celui-ci qu'autant qu'il convient avec celui-là, qui seul vaut par lui-même, et doit prévaloir sur tout autre? En d'autres termes, l'utile pour soi avant tout, pour soi seul, s'il y a lieu ; pour soi et pour autrui, si on y trouve son avantage; comme aux dépens d'autrui, si on y a profit: n'est-ce pas là en abrégé toute la morale d'Helvétius? morale toute d'intérêt, et de cet intérêt qui se réduit à la satisfaction de la sensibilité physique, doctrine d'égoïsme et de sensualisme, aux préceptes de laquelle il ne mêle de loin en loin des maximes d'un autre caractère que pour nous donner ou se donner le change, et se soulager par une inconséquence des suites fâcheuses de ses principes, qui doivent parfois lui peser.

Mais ce n'est là qu'une remarque que je jette en passant, et que je laisse à développer, pour revenir à la suite de mon analyse. Plus tard je la reprendrai et y insisterai plus expressément.

Si dans les sociétés particulières on n'estime la probité que par l'utile, on n'y fait pas, poursuit l'auteur, d'autre appréciation de l'esprit. En veut-on des exemples, mais j'avertis que je choisis, je ne pourrais tout citer : Un Fakir, dans une société de sybarites, serait regardé avec cette pitié méprisante que des âmes sensibles et douces ont pour un

9

homme qui perd de tels plaisirs en vue de biens imaginaires. Une femme galante trouve peu d'accueil parmi des prudes, et réciproquement; les géomètres ont plus d'estime pour les physiciens que pour les poëtes ; d'ordinaire on plaît dans le monde, non en approfondissant aucune matière, mais en voltigeant incessamment de sujet en sujet; et en général dans chaque société l'intérêt personnel est l'unique règle d'appréciation des mérites de l'esprit.

Et ce qui est vrai de l'esprit considéré par rapport à des sociétés particulières l'est également de l'esprit par rapport à cette société générale qui s'appelle le public. Le public, lui aussi, juge des idées par leur utilité, comme au reste de la probité.

Cependant Helvétius pense avec Duclos que, dans certains cas, c'est non-seulement à l'utilité d'un art, mais à sa difficulté, à sa nouveauté, à d'autres circonstances et surtout à ses moyens d'exprimer la beauté qu'on accorde son estime. N'est-ce pas encore là une exception, de laquelle il résulte qu'en esthétique comme en morale, après une première règle de jugement, qui est l'utile, on en propose une autre, qui est le juste ou le beau.

Enfin, l'auteur envisage l'esprit et la probité par rapport aux siècles et aux peuples divers, mais en commençant par la probité, et en s'y arrêtant beaucoup plus, comme si c'était le sujet principal dont il eût à traiter : toujours le même vice de composition.

Il avance donc que, « dans tous les siècles et dans tous les pays, la probité ne peut être que l'habitude des actions utiles à sa nation (p. 274); » et, pour le prouver, il examine deux opinions, dont l'une consiste à considérer la vertu comme relative, et l'autre comme absolue, et il partage la première ; ce qui l'y détermine, ce sont des faits, tels que le vol permis à Sparte, le meurtre des vieillards autorisé parmi les sauvages, différentes coutumes qui, toutes révoltantes qu'elles paraissent, ont cependant été, en certains temps et en certains pays, approuvées (p. 280).

Sa conclusion est que la probité ou la vertu varie selon les idées que l'on se fait du bonheur, dont la vertu n'est que le désir (p. 283). Elle lui paraît évidente ; cependant, pour mieux l'appuyer encore, il croit devoir distinguer entre la vertu de préjugé et la vertu véritable. La première est celle qui ne conduit pas au bonheur public, et toutefois, chez la plupart des nations, elle est plus honorée que l'autre. — Mais alors, peut-on faire remarquer à l'auteur, ce n'est donc pas par l'intérêt que, ces nations l'estiment, et alors aussi que devient cette prétendue règle de jugement des actions que l'on donne comme universelle ? — Du reste, est vertu de préjugé celle, par exemple, des bramines, avec leurs bizarres superstitions ; celle des prêtresses de l'île de Formose, et celle des peuplades du Congo, vendant leurs parents ou leurs enfants. — Toujours même objection ; mais si, dans tous ces usages, on trouve son utilité ou son plaisir, n'est-on pas justifié par là même. Et, quand on nous rapporte, avec une complaisance qui n'est ni de bon goût ni de bonne compagnie, qui même semble parfois d'un étrange relâchement, ce qui se fait à Tonquin, à Siam, dans l'Orient ; quand on nous parle, dans le même sens, de l'amour grec, en prouve-t-on mieux ce qu'on appelle les vertus de préjugé ; l'utilité, la sensualité, n'est-elle pas toujours là pour tout expliquer et tout légitimer. On a beau dire ensuite qu'on n'a pas prétendu se faire l'apologiste de la débauche, mais seulement donner des notions plus nettes des deux espèces de vertu, et mieux faire connaître le mal pour indiquer le remède, il n'y a pas moins, dans tout cet étalage de faits honteux, beaucoup d'inconvénients et fort peu de démonstrations. Qu'après nous avoir saturés de tels détails, et en être venu jusqu'à vanter l'utilité des femmes galantes pour l'emploi qu'elles font de leurs richesses, on déclame contre les moralistes qui *recommandent la modération* dans les désirs, que l'on cherche à les tourner en ridicule, et que l'on dise d'eux : « Rien de plus dangereux dans un État que ces moralistes hypocrites, qui, concentrés dans une petite sphère d'idées, répètent continuellement ce qu'ils ont entendu dire à leurs mies et recommandent la modération des désirs.... Ils ne sentent pas que leurs préceptes, utiles à quelques particuliers, placés dans certaines circonstances, seraient la ruine des nations qui les adopteraient; » il n'y a pas lieu de s'en étonner. Un moraliste du bel air, et qui n'écrit pas pour effrayer de ses sévérités un monde frivole et voluptueux, doit prendre en quelque pitié ces instituteurs des âmes simples et honnêtes, qui ont la petitesse de leur prêcher la modération dans les désirs, et, à la rigueur, le renoncement et le sacrifice; et tout au plus peut-il condescendre jusqu'à leur conseiller de *substituer, dans leurs maximes, le langage de l'intérêt* à celui de leur étroite et quelque peu naïve sagesse; ce qui n'empêche pas notre auteur, dans une de ces réflexions qui lui échappent parmi ses fréquentes contradictions, de s'écrier : « C'est par un oubli absolu de ses intérêts personnels qu'un moraliste peut se rendre utile à sa patrie (p. 310). »

Mais l'esprit à son tour, et toujours en parallèle avec la probité, est aussi considéré par Helvétius relativement aux siècles et aux pays divers. On sait d'avance quel sera le résultat de ce nouvel examen : « L'estime pour les différents genres d'esprit dans chaque siècle est proportionné à l'intérêt que l'on a de les estimer (p. 325). » « Le goût c'est l'intérêt (p. 335). » Comme nous l'avons déjà vu, même principe en esthétique qu'en morale ; l'utile en tout et par-dessus tout. Ainsi, comme prédicateurs on préférait Menot et Maillard au XVIe siècle, et Bourdaloue au XVIIe : affaire de goût, c'est-à-dire d'intérêt. Affaire de goût et d'intérêt encore que l'espèce de prédilection que l'on a eue pour Corneille au XVIIe, et pour Racine au XVIIIe. « Une certaine faiblesse de caractère, suite nécessaire du luxe et du changement arrivé dans nos mœurs, nous privant de toute force et de toute élévation dans l'âme, explique cette différence de penchants, de même que la préférence que l'on donne aux comédies sur les tragédies (p. 339). » Le beau n'est donc pas plus chose en soi que le bien : il n'est que ce que le fait l'utile, et l'utile, il ne faut pas l'oublier, n'est, dans la rigueur de cette doctrine, que ce qui touche et réjouit les sens, que ce qui satisfait la sensibilité physique. Avec la sensibilité physique pour sujet et pour juge, et l'utilité pour objet et chose à juger, faites, si vous le pouvez, de la critique ; faites cette haute application des plus délicates de nos facultés à la perception et au goût des plus exquises vérités de l'ordre spirituel et moral ; tentez cette impossibilité, et bientôt vous vous convaincrez que, réduits aux termes auxquels Helvétius vous enchaîne, avec les sens d'un côté, et ce qui plaît aux sens de l'autre, vous ne pourrez prononcer du beau que comme

d'une saveur, d'une odeur, d'une couleur ou d'un son, et, par
cela qui seul juge de ces propriétés, par le palais, l'odorat,
la vue et l'ouïe ; c'est-à-dire que vous n'en prononcerez
plus et que vous vous bornerez tout au plus à dire, quand
il vous arrivera de trouver certaines belles choses qui sont
utiles, qu'elles valent par l'utilité, et non par la beauté.
Ainsi, pour reprendre l'exemple même d'Hélvétius, dans
Corneille vous apprécierez, au sein des hautes régions où il
emporte votre âme, non plus cette poésie supérieure et idéale
qui vous ravit dans ce que votre cœur a de plus grand et
votre raison de plus pur, mais cette propriété qu'il pourra,
par accident, par une de ces rencontres où les choses les
plus sublimes se joignent aux plus basses, avoir également,
de vous rendre le corps plus dispos et de vous
procurer un certain bien-être, et ce sera, avec lui, de l'hy-
giène que vous ferez, et non de l'esthétique, non, j'oserai le
dire, de cette religion de la grandeur dans la beauté, qui
donne bien aussi une certaine santé, mais à l'âme, qu'elle pu-
rifie et sanctifie dans ses plus nobles parties, non au corps,
auquel elle ne s'abaisse pas ou qu'elle ne touche que de loin.
Ainsi encore, dans Racine, vous estimerez moins cette divine
suavité d'inspiration et d'expression, qui n'est pourtant pas
sans éclat et sans force, mais qui, avant tout, abonde en
chants soutenus d'amour et de tendre harmonie, que cette
vertu, si par hasard il l'a, de caresser votre mollesse, de flat-
ter votre sensualité, d'être pour vous un objet de luxe, et
un moyen raffiné de voluptueuses jouissances. Est-ce là
du goût, est-ce là de la critique ? Ce n'est que de l'économie politique appliquée à des choses dont elle n'est pas
juge.

Ces observations, qui conviennent à ce qui précède, conviennent également à ce qui suit dans notre auteur. Il s'agit en effet de l'esprit envisagé par rapport aux différents pays. Or, c'est toujours chez lui la même règle d'estime proposée, et la même règle d'estime, selon nous, à rejeter. Il pense que ce genre d'esprit qu'on appelle l'éloquence n'est si fort prisé, dans les pays républicains, que parce qu'il ouvre la carrière des richesses et des grandeurs. N'est-ce pas encore dire que, soit aux yeux de l'orateur, soit à ceux des auditeurs, ce don et cet art tout ensemble, cette puissance toute spirituelle qui s'adresse à l'intelligence par les idées, et au cœur par les passions, qui, dans son excellence et sa force, vaut avant tout par la vérité, et ce qu'il y faut de beauté pour éclairer, toucher et persuader les âmes, n'est cependant, dans l'opinion des hommes, que chose de négoce, instrument de bien-être, objet qui se vend et s'achète ni plus ni moins qu'une étoffe, qu'un bijou, qu'un meuble de luxe, que fabrique pour le gain un ouvrier intelligent, et que paie pour son plaisir un consommateur intéressé et souvent une dupe. Voilà tout le secret de cette espèce de production qu'on nomme l'éloquence; métier et marchandise, rien de plus, rien de mieux. Ainsi jugée et tarifée, l'industrie de la parole est-elle assez dégradée, est-elle assez méconnue, est-elle assez exclusivement vue par ses tristes et bas côtés? Et cependant, même lorsqu'il arrive que celui qui s'y livre la détourne de son noble et légitime but, et l'applique à des desseins qu'il ne saurait avouer, ne faut-il pas, s'il veut encore trouver ou conserver en lui quelque vertu de persuasion, qu'il ait, ne fût-ce qu'en passant, quelque généreuse conviction, quelque entraînante passion? Ne faut-il pas de même que ceux auxquels il parle recherchent, auprès de lui, autre chose qu'un amusement de l'oreille, qu'un plaisir des yeux, qu'un mensonge et qu'un jeu qui les flatte dans leur sensibilité physique? Que si l'orateur est vraiment l'orateur, c'est-à-dire l'homme d'une grande pensée et d'une vive émotion à rendre par un discours plein de clarté, d'ordre, de mouvement et de vie; et si ceux qui l'écoutent sont aussi des esprits inquiets d'une sainte cause, animés de généreux sentiments, c'est un commerce sans doute aussi qui s'établit entre eux et lui, c'est un échange assurément, mais où rien ne se fait que d'âme à âme, et qui ne soit d'un côté raison, lumières supérieures et haute impulsion d'amour, et de l'autre, après plus ou moins de résistance et de lutte, foi, adhésion d'esprit et soumission de cœur. Où y a-t-il là place pour ce trafic honteux et ce métier sans pudeur qu'Helvétius se plaît à nous montrer dans les nobles travaux de l'éloquence?

Laissons-le donc dire; laissons-le expliquer, au même point de vue, d'autres dons de l'esprit, la clarté, l'agrément, la grâce et la légèreté dans les productions littéraires; qu'en toutes il voie pour fin le bien-être du lecteur, sa peine épargnée et sa paresse favorisée; qu'il réduise ainsi toute la critique à une sorte d'application de l'économie politique, nous n'avons plus, après ce qui vient d'être dit, à discuter, mais à constater cette conséquence nécessaire de la doctrine qu'il professe. Toutefois, il serait difficile de se taire sur l'étrange réforme qu'il est, par la suite de ses idées, conduit à proposer pour l'éducation des femmes. Comme c'est à elles qu'il attribue le goût, fort répandu de son temps, pour les compositions frivoles, pour les romans et les historiettes; comme par suite de l'influence qu'elles exercent, la grande affaire de leur vie est la galanterie, il croit qu'il y aurait un moyen, entre autres, de corriger cet abus : « Ce serait, je n'ai pas besoin d'avertir que je cite et même que je ne cite pas tout, de les débarrasser d'un reste de pudeur, dont le sacrifice les met en droit d'exiger le culte et l'adoration perpétuelle de leurs amants. » Les hommes en seraient plus indépendants, plus raisonnables et plus sages (p. 359).

Tout cela peut être conséquent, mais il faut avouer qu'il est malheureux d'être amené par la logique à de telles propositions, et qu'en venir à demander, pour la sagesse et l'indépendance, entendez la plus libre jouissance de l'homme, l'avilissement de la femme, c'est se laisser pousser par le raisonnement à de bien étranges excès. Ainsi, ce n'était pas assez d'avoir été entraîné à flétrir dans notre esprit la poésie, l'éloquence et les lettres, il fallait encore en venir à retirer tout respect à celles qui y ont tant de droit, et en ont tant de besoin.

Helvétius n'a compris, au moins par son système, ni ce qu'elles valent, ni ce qu'elles exigent; et si j'avais, à cet égard, à lui donner une leçon, je la lui donnerais simple et courte, et je l'emprunterais à un auteur qui a bien aussi ses excès de doctrine, mais qui les tempère ou y échappe par cette intelligence venue du cœur, à laquelle se révèlent les bonnes et saintes choses; M. de Maistre, écrivant à sa fille, lui dit dans l'effusion de ses conseils et de sa tendresse de père : « Le grand honneur est de faire des hommes, et c'est ce que les femmes font mieux que nous. » Et ailleurs encore : « Les femmes ne font aucun chef-d'œuvre (il s'agit de ceux de l'esprit) en aucun genre... mais elles font quelque chose de plus grand que tout cela ; c'est sur leurs genoux que se

10

forme ce qu'il y a de plus excellent dans le monde, un honnête homme et une honnête femme ; c'est le plus grand chef-d'œuvre du monde. » Or, je le demande, est-ce de la femme avilie, et *débarrassée*, comme le dit Helvétius, *d'un reste de pudeur,* que viendra à l'enfance pour la soutenir, l'élever, la conduire de l'état d'innocence à celui d'honnêteté, cette vigilance, cette pureté, cette religion dans l'amour qui fait la digne et vertueuse mère ? En perdant le respect qu'elle se doit à elle-même, elle aura perdu également celui qu'elle doit à son enfant, et ce ne sera plus en lui une âme, une créature raisonnable, que, dans son peu de retenue, son peu d'estime pour elle-même, et, par suite, son mépris de la nature humaine, elle se croira appelée à former ; ce sera un animal de son sang qu'elle aura conçu et mis au monde sans pieuse sollicitude, et même sans tendresse. Car il faut la pudeur au cœur de la femme pour y développer et y conserver toutes les autres vertus; c'en est le parfum et à la fois le principe vivifiant; de la part de celle qui n'a pas ce sens inquiet, timide, exquis et gracieux tout ensemble de l'honnête, n'attendez pas les délicatesses de conscience et la pureté de sentiment de la fille, de l'épouse et de la mère, et craignez bien des oublis et bien des abaissements. Ce n'est pas sur ce modèle et à cette fin que Dieu a fait la compagne de l'homme.

Mais il est temps d'en finir avec l'analyse de ce discours, et de constater, en dernier lieu, que l'auteur, en considérant l'esprit comme la probité par rapport à l'univers, ne voit pas, pour en juger sous ce nouvel aspect, d'autre mesure que celle qu'il a constamment appliquée, c'est-à-dire l'intérêt. Ainsi, il pense que s'il existait une probité qui s'étendrait à l'univers, elle ne serait que l'habitude des actions utiles à toutes les nations ; mais il n'y croit pas, et il admet tout au plus, à cet égard, des intentions et des vœux. Il n'en est pas de même de l'esprit, qui peut, en se composant d'idées utiles à tous les hommes, avoir ce caractère de généralité. C'est ainsi que dans Homère, Virgile, le Tasse et Milton on trouve des pensées qui plaisent dans tous les temps, dans tous les lieux et à tous les hommes. Si donc, dans ce cas comme dans tous les autres, il y a un dispensateur de l'estime des hommes, nul doute que ce ne soit l'intérêt. En sorte que de tout point, en matière d'idées comme en matière de mœurs, ce qu'on estime, ce qu'on doit estimer, c'est uniquement l'utile. Telle est la conclusion générale de l'auteur, suite et résumé de toutes les conclusions particulières auxquelles il est successivement parvenu.

Cette conclusion, je la combattrai ; mais, je me hâte de le dire, ce sera plutôt en la partie qui regarde la probité qu'en celle qui touche proprement à l'esprit, car quoique, dans l'ordre de composition tel que se le propose Helvétius, ce soit évidemment celle-ci qui ait le pas sur celle-là, dans l'ordre d'importance, c'est au contraire la seconde qui l'emporte sur la première ; la preuve en serait, s'il la fallait, dans le soin avec lequel la plupart des auteurs, que j'aurai par la suite l'occasion de citer, se sont bornés dans leurs critiques à ce point de doctrine. Je ne ferai pas autrement qu'eux ; je m'attacherai, avant tout, à discuter et à apprécier le principe de l'intérêt, tel que le professe Helvétius lorsqu'il l'applique aux actes et aux habitudes de la vie morale, et je m'en tiendrai, pour le reste, aux remarques particulières que j'ai pu mêler çà et là au cours de mon analyse. Je vais donc exami-

10.

ner, pour la juger dans ce qu'elle a de plus général, cette
théorie définie comme elle vient de l'être; mais, avant, je
laisserai parler des écrivains dont l'intervention dans cette
question ne sera certainement pas inutile.

Dans la pratique, parce que nous sommes faibles, parce
que nous sommes tentés, parce que souvent en nous le mal
prévaut sur le bien, l'intérêt sur la raison et la chair sur l'esprit, nous ne sommes que trop disposés à une facile indulgence à l'égard de certaines maximes. Dans la spéculation du
moins, et quand nous n'avons à prononcer que du vrai et du
faux, soyons plus fermes et plus sévères, ne fléchissons pas
sur les principes, en morale surtout. On perd la foi aux choses de plus d'une façon et à plus d'un degré. On peut ne pas
croire à Dieu, ou du moins à certains de ses attributs; on peut
ne pas croire à l'âme et à certaines de ses facultés, et ce sont
déjà de terribles doutes que ceux-là; mais on peut, en outre,
ne pas croire à la loi morale et à ses applications, et c'est le
pire de tous, car il implique les autres, et atteint, pour la
corrompre, au plus profond de la conscience. Or, avec Helvétius on devient au moins indifférent et sur Dieu et sur
l'âme, et on ne tient pas bien vivement, car on la nie à chaque instant, à la loi morale elle-même. On arrive ainsi à un
triste et fâcheux détachement de toutes les grandes vérités,
nécessaires cependant à notre esprit et à notre cœur. Il y a
donc lieu de se féliciter de trouver, à côté d'Helvétius et en
opposition avec lui sur ce qu'il y a de plus fâcheux dans sa
doctrine, des auteurs, ses contemporains, quelques-uns même
ses amis, et sur d'autres points ses partisans, et de les entendre protester avec éclat contre ses maximes. C'est avec
d'autant plus de confiance que nous en viendrons ensuite

nous-même à discuter et à juger cette fausse philosophie.

Écoutons d'abord Voltaire.

Sur une pensée de d'Holbach, mais qui pourrait tout
aussi bien être d'Helvétius, et qui est que dès que « le vice
rend l'homme heureux, il doit aimer le vice, » il s'était
écrié : Cette maxime est encore plus détestable en morale
que les autres ne sont fausses en métaphysique ; et il le prou-
vait par quelques réflexions pleines de sens et de cœur. Il
est dans les mêmes sentiments chaque fois que l'occasion
s'en présente, et il y est si attaché qu'il n'hésite pas, en
plus d'un endroit, à se séparer de Locke lui-même, qu'il est,
en général, si disposé à suivre, mais qui lui paraît sur ce
point s'écarter de la vérité et nier, au moins indirectement,
les idées du juste et de l'injuste. C'est ainsi qu'il dit: « Locke,
le plus sage des métaphysiciens que je connaisse, semble, en
combattant avec raison les idées innées, penser qu'il n'y a
aucun principe de morale universelle.................
.... Mais n'est-il pas évident que Dieu a voulu que nous vivions en société, comme il
a donné aux abeilles un instinct et des instruments propres
à faire le miel. Or, la société ne peut subsister sans les
idées du juste et de l'injuste ; il nous a donc donné de quoi
les acquérir...... Voilà donc le bien de la société établi
pour tous les hommes, depuis Pékin jusqu'en Islande, comme
la règle immuable de la vertu. » Et ailleurs encore : « Locke,
dit-il, qui m'instruit et m'apprend à me défier de moi-même,
ne se trompe-t-il pas parfois comme moi-même? Il veut
prouver la fausseté des idées innées. Mais n'ajoute-t-il pas
une bien mauvaise raison à de fort bonnes. Il avoue qu'il

n'est pas juste de faire bouillir son prochain dans une chau-
dière et de le manger ; il dit cependant qu'il y a des nations
anthropophages, et que ces êtres pensants n'auraient pas
mangé des hommes s'ils avaient eu des idées du juste et de
l'injuste que l'on suppose nécessaires à l'esprit humain.
Sans entrer ici dans la question, s'il y a en effet des nations
anthropophages....... des vainqueurs ont mangé leurs
esclaves pris à la guerre ; ils ont cru faire un acte très-juste,
ils ont cru avoir sur eux droit de vie et de mort.........
ils avaient une très-fausse idée du juste, mais, en fait, ils
croyaient agir justement. » Cette réponse de Voltaire n'est
peut-être pas tout à fait suffisante, et Rousseau la complé-
tera. Mais, d'avance, on peut y ajouter cette remarque, que
les sauvages comme les peuples civilisés, avec leurs idées
d'ailleurs fort confuses de la justice, ont leurs passions,
leurs colères, leurs intempérances de vengeance, qui les em-
portent et leur font violer la loi qu'ils ont en eux, qui les
rendent par conséquent coupables et cruels, comme nous
le devenons nous-mêmes, tout policés que nous sommes,
quand, dans nos jours de fureur et d'aveugle égarement,
nous commettons de ces actes sanglants dont nous fait rougir l'histoire.

Voltaire, poursuivant sa pensée, l'exprime avec plus de
précision encore lorsqu'il nous montre que comme « la loi
de gravitation, qui agit sur un astre, agit sur tous les astres,
sur toute la matière, ainsi la loi fondamentale de la morale
agit sur toutes les nations connues ; » et qu'il y joint ces explications : « Qu'appelez-vous la nature ? — L'instinct qui
nous fait sentir la justice. — Qu'appelez-vous juste et injuste ? — Ce qui paraît tel à l'univers. — Et toutes ces lois

diverses, contradictoires? — Lois de convention, usages ar-
bitraires, modes qui passent; l'essentiel demeure toujours.
Montrez-moi un pays où il soit honnête de me ravir le fruit
de mon travail, de violer sa promesse, de mentir pour nuire,
de calomnier, d'assassiner, d'être ingrat, de battre son père
et sa mère quand ils vous présentent à manger. Oui, encore
une fois, il y a une loi naturelle, et elle ne consiste ni à faire
le mal d'autrui ni à s'en réjouir. » .... « L'idée de
justice est tellement une vérité de l'ordre, à laquelle tout
l'univers donne son assentiment, que les plus grands crimes
qui affligent la société, la guerre par exemple, sont commis
sous un faux prétexte de justice........ Les petits voleurs
eux-mêmes, quand ils sont associés, se gardent bien de dire :
Allons voler, allons arracher à la veuve et à l'orphelin leur
nourriture. Ils disent : Soyons justes, allons reprendre notre
bien des mains des riches, qui s'en sont emparés. Le mot
d'injustice ne se prononce jamais dans un conseil d'État où
l'on propose le meurtre le plus injuste. Les conspirateurs,
même les plus sanguinaires n'ont jamais dit : Commettons un
crime ; ils ont dit : Vengeons la patrie des crimes du tyran ,
punissons ce qui nous paraît une injustice. »

Enfin, dans son poëme de *la Loi naturelle*, Voltaire rend
la même pensée dans ces vers :

Je ne puis ignorer ce qu'ordonna mon maître;
Il m'a donné sa loi, puisqu'il m'a donné l'être.

. . . .

La morale uniforme, en tout temps, en tout lieu,
A des siècles sans fin parla au nom de Dieu.

. . . .

Le bon sens la reçoit, et les remords vengeurs ,
Nés de la conscience, en sont les défenseurs ;

. . . .

D'un bout du monde à l'autre elle parle, elle crie :
« Adore un Dieu, sois juste, et chéris ta patrie. »

. . . .

De la raison naissante elle est le premier fruit ;
Dès qu'on la peut entendre, aussitôt elle instruit :
Contre-poids toujours prompt à rendre l'équilibre
Au cœur plein de désirs, asservi, mais né libre ;
Arme que la nature a mise en notre main,
Qui combat l'intérêt par l'amour du prochain.

Nous venons d'entendre Voltaire ; écoutons maintenant
Rousseau. Les arguments sont en partie les mêmes ; mais,
outre qu'ils ne sont pas présentés du même ton et sous la
même forme, nous ne devons pas en craindre le retour et la
répétition. On ne saurait trop insister sur les raisons à opposer à une doctrine que l'auteur ne se lasse pas de reproduire et de célébrer ; on ne saurait trop de fois chasser au
loin cette fausse colombe, pour me servir d'une image em-
pruntée à un des critiques d'Helvétius, qui, trompeuse mes-
sagère de paix, n'a pas besoin, pour prendre pied, de chercher des terres inconnues, et qui trouve toujours parmi nous
quelque lieu où se poser.

Rousseau n'est pas un de ceux qui la repoussent avec le
moins de force. A la suite de l'apostrophe à Helvétius que
j'ai citée plus haut, examinant le fondement de la morale, il
dit : « Il est au fond des âmes un principe inné de justice et
de vertu, sur lequel nous jugeons nos actions et celles des
autres, comme bonnes et mauvaises, et c'est à ce principe
que je donne le nom de conscience. Mais à ce mot j'entends

s'élever de toute part la clameur des prétendus sages : Erreur de l'enfance, préjugé de l'éducation, s'écrient-ils tous de concert ; il n'y a rien dans l'esprit humain que ce qui s'y introduit par l'expérience, et nous ne jugeons d'aucune chose que par des idées acquises. Ils font plus : cet accord de toutes les nations, ils l'osent rejeter ; et, contre l'éclatante uniformité du jugement des hommes, ils vont chercher dans les ténèbres quelque peuple obscur et connu d'eux seuls ; comme si tous les penchants de la nature étaient anéantis par la dépravation d'un seul peuple, et que, sitôt qu'il est des monstres, l'espèce humaine ne fût plus rien....... Chacun, dira-t-on, concourt au bien public par son intérêt. Mais, d'où vient donc que le juste y concourt à son préjudice ? Qu'est-ce qu'aller à la mort pour son intérêt ? Sans doute, nul n'agit que pour son bien ; mais, s'il n'est pas un bien moral dont il faut tenir compte, on n'expliquera jamais par l'intérêt propre que les actions des méchants. Or, ce serait une trop abominable philosophie que celle où l'on serait embarrassé des actions vertueuses. » Et après les développements qui suivent et qui ont beaucoup de rapports avec ceux de Voltaire, Rousseau finit par ces paroles si connues, mais qu'on aime à se rappeler : « Conscience, conscience ! instinct divin, immortelle et céleste voix, guide assuré d'un être ignorant et borné, mais intelligent et libre, juge infaillible du bien et du mal, qui rend l'homme semblable à Dieu, c'est toi qui fais l'excellence de sa nature et la moralité de ses actions. »

Diderot, qui, comme on le sait, n'est certainement pas toujours un très-sévère moraliste, mais à qui il arrive aussi, surtout quand il critique, d'avoir ses rencontres heureuses et ses veines de sagesse, attaque dans deux morceaux, l'un relatif au livre *de l'Esprit*, l'autre à celui *de l'Homme*, mais dans le second plus fortement que dans le premier, la morale de l'intérêt. Voici ce qu'il dit en dernier lieu, en prenant pour exemple les savants, ceux du moins qui sont véritablement dévoués à leurs travaux. « Comment se persuader que chez eux l'amour des talents est fondé sur l'amour des plaisirs physiques ?

. . . .

. . . .

« Croyez que quand Leibnitz s'enferme à l'âge de vingt ans, et en passe trente dans sa robe de chambre, enfoncé dans les profondeurs de la géométrie, ou perdu dans les ténèbres de la métaphysique, il ne pense pas plus à obtenir un poste (Diderot, qui ne ménage rien, indique ici crûment un autre mobile) et à remplir d'or un vieux bahut que s'il touchait à son dernier moment........ C'est un être qui se plaît à méditer, qui est un sage ou un fou, qui fait un cas infini de l'éloge de ses semblables, qui aime le son de l'é-loge, comme l'avare le son d'un écu..... et tente de faire une grande découverte pour se faire un grand nom....... Voilà le bonheur qu'il envie, et il en jouit. Proposez-lui tous les plai-sirs des sens à la condition qu'il renonce à la solution d'un problème, et il ne le voudra pas. Offrez-lui la place de pre-mier ministre s'il consent de jeter au feu son traité de l'harmonie préétablie, il n'en fera rien. Il est avare; forcez sa porte, entrez dans son cabinet le pistolet à la main, et dites-lui : Ou ta bourse ou ta découverte du *Calcul des fluxions*, et il vous livrera la clef de son coffre-fort en sou-riant. » Et, après divers développements dans le même sens, il ajoute : « Que direz-vous de tant de philosophes, nos contemporains et nos amis, qui gourmandent si fièrement les prêtres et les rois? Ils ne peuvent se nommer ; ils ne peuvent avoir en vue ni la gloire, ni l'intérêt, ni la volupté.... Comment résoudrez-vous, en dernière analyse, sans un pitoyable abus de mots, en des plaisirs sensuels ce généreux enthousiasme qui les expose à la perte de leur liberté, de leur fortune, de leur honneur même et de leur vie?........ Je vous entends, ils se flattent qu'un jour on les nommera, et et que leur mémoire sera éternellement honorée parmi les hommes ; je le veux. Mais qu'a de commun cette vanité héroïque avec la sensibilité physique et la sorte de récompenses abjectes que vous en déduisez........ Mon ami, votre vaisseau fait eau de toutes parts, et je pourrais le couler à fond par l'exemple de quelques hommes qui ont encouru l'ignominie et l'ont supportée dans le silence pendant une longue suite d'années, soutenus du seul espoir de confondre un jour leurs injustes concitoyens...... » Puis, passant d'un ordre d'idées à un autre, d'une classe d'hommes à une autre, à laquelle il est cependant moins favorable, il n'en dit pas moins : « Quel rapport y a-t-il entre l'héroïsme insensé de quelques hommes religieux et les biens de ce monde? Ce n'est pas (ici encore Diderot a des mots à lui et que je dois passer)..... de s'enivrer de vins délicats, de se plonger dans un torrent de voluptés sensuelles : ils s'en privent ici-bas et n'en espèrent pas là-haut. Ils donnent ce qu'ils ont, et ils sont persuadés qu'il est plus difficile à l'homme riche de se sauver qu'à un chameau de passer par le trou d'une aiguille. Ils n'ambitionnent point de postes éminents; le premier principe de leur morale est le dédain des honneurs corrup-

teurs et passagers. Voilà ce qu'il faut expliquer ; quand on
établit une loi générale, il faut qu'elle embrasse tous les
phénomènes et les actions de la sagesse et les écarts de
la folie. » Ainsi s'exprime Diderot, et c'est à peu près le
même langage qu'il tient dans sa correspondance avec Fal-
connet. Pourquoi n'a-t-il pas toujours parlé de même ? Pourquoi, dans ses saillies d'imagination et ses entraînements de
système, a-t-il été trop souvent aussi loin et plus loin dans
le même sens qu'Helvétius ? C'est qu'alors livré à lui-même,
et dans tout l'abandon de sa fougueuse nature, il n'a rien
qui le retienne et l'empêche d'abonder sans mesure en ses
folles pensées. Mais ici il est juge, il est magistrat et maître,
il est dans le rôle d'un homme tenu d'avoir raison, et il n'y
manque pas ; il coule à fond, comme il le dit, la frêle barque
d'Helvétius.

En passant de Diderot à Turgot, nous ne passons précisément pas du même au même ; nous allons de l'un des esprits les plus irréguliers à l'un des mieux réglés du XVIII\e
siècle. Turgot est un sage, qui, quoique pénétré de l'esprit
général de son temps, n'en partage pas cependant tous les
principes de philosophie; c'est une grande intelligence et un
noble cœur, auquel il a été rendu ce témoignage par un roi
qui le comprit sans pouvoir le seconder et le soutenir dans
ses plans de réforme : « Il n'y a que vous et moi qui vou-
lions le bien de mes peuples. » Il ne doit donc ni approuver
ni goûter le livre d'Helvétius. Il en écrit, en effet, fort sévèrement à Condorcet : « Comme je ne crois pas, Monsieur,
dit-il, que vous fassiez jamais un livre de philosophie sans
logique, de littérature sans goût, et de morale sans honnêteté, je ne crois pas que la sévérité de mon jugement puisse

vous effrayer....... On prétend qu'Helvétius a dit le secret de bien des gens, je suis fâché qu'on ait prêté ce mot à Mme de Boufflers ; j'avais toujours pensé qu'il était de Mme Dudeffand, à laquelle il appartient de droit. Je sais qu'il y a beaucoup de passablement honnêtes gens qui le sont à la manière et d'après les principes du livre *de l'Esprit*, c'est-à-dire d'après un calcul d'intérêt. J'ai sur cela plusieurs choses à remarquer : pour que ce fût un mérite dans ce livre, il faudrait que l'auteur se fût attaché à prouver que les hommes ont un intérêt véritable à être honnêtes gens, ce qui est facile ; mais il semble continuellement occupé à prouver le contraire. Il répand à grands flots le mépris et le ridicule sur tous les sentiments honnêtes et sur toutes les vertus privées. Par la plus lourde et la plus absurde des erreurs, il veut faire regarder ces vertus comme nulles, pour ne vanter que de prétendues vertus politiques, beaucoup plus funestes aux hommes qu'elles ne peuvent leur être utiles...... Il établit qu'il n'y a pas lieu à la probité entre les nations ; d'où il suivrait que le monde doit être éternellement un coupe-gorge ; ...... nulle part il ne s'appuie sur une connaissance approfondie du cœur humain ; nulle part il n'analyse les vrais besoins de l'homme ;...... il ne se doute nulle part que l'homme ait le besoin d'aimer ; autrement, il n'aurait pas dit que l'intérêt est l'unique principe qui le fait agir. Il eût compris que dans le sens où cette proposition est vraie elle est une puérilité et une abstraction métaphysique, d'où il n'y a aucun résultat pratique à tirer, puisque alors elle équivaut à dire que l'homme ne désire que ce qu'il désire. S'il parle de l'intérêt réfléchi, calculé, par lequel l'homme se compare aux autres et se préfère, il est faux que les hommes, même les

plus corrompus, se conduisent toujours par ce principe; il
il est faux que les sentiments moraux n'influent pas sur leurs
jugements, leurs actions et leurs affections. La preuve en est
qu'ils ont besoin de vaincre leurs sentiments lorsqu'ils sont
en opposition avec leur intérêt; la preuve en est qu'ils ont
des remords; la preuve en est qu'ils sont touchés des romans
et des tragédies, et qu'un roman dont le héros agirait con-
formément aux principes d'Helvétius leur déplairait beaucoup....... Il y a des hommes très-peu sensibles et qui sont
en même temps honnêtes;........ mais tous ont pour base
de leur honnêteté la justice et même un certain degré de
bonté. »

Parmi ceux dont j'avais annoncé que je rapporterais le
sentiment sur la morale d'Helvétius, je n'avais pas d'abord
eu l'intention de donner une place à la Harpe. C'est qu'en
effet sa critique, d'ailleurs fort passionnée, n'offre pas de
caractère qui la distingue particulièrement; j'en tirerai cependant ce trait qu'il cite et qui est une bonne manière de
marquer les suites fâcheuses en politique d'une telle morale :
« Quand Fabricius entendit Cynéas, à la table de Pyrrhus,
débiter la doctrine d'Épicure sur le plaisir et la douleur :
Dieux immortels, s'écria-t-il, puisse cette doctrine être toujours celle des ennemis de Rome! » Le mot est sans doute
plus politique que philosophique, et, si l'ordre des temps me
permettait de faire ce rapprochement, je dirais plus stoïcien
que chrétien; mais il n'en est pas moins une forte réproba-
tion des maximes épicuriennes. Et nous aussi, ajouterai-je,
souhaitons pour notre pays, souhaitons pour tous les pays,
souhaitons pour l'humanité que ce ne soit pas là la règle de
la vie, soit publique, soit privée, car ce serait la ruine de la

société. Qu'est-ce, en effet, que l'égoïsme? La désassociation, si on me passe l'expression, la réduction du moi au moi, la faiblesse même de l'homme, auquel il n'est pas bon, si toutefois il n'est pas impossible d'être seul, surtout de cette solitude du cœur qui fait qu'il n'aime que lui et en lui ce qu'il y a de moins noble. Où l'homme n'aime plus son prochain comme lui-même, ne le traite plus comme lui-même, l'efface en quelque sorte devant lui, il n'est plus deux, il n'est qu'un, il est seul, et seul il est dans toute son infirmité, toute sa misère naturelle; de sorte que cette morale, qui semble tant faire pour le *moi,* au fond de lui est désastreuse, puisqu'elle lui ôte cette chose nécessaire entre toutes, et qui double sa vie, appelée par le christianisme du doux nom de prochain.

Je voudrais aussi citer parmi les juges de cette partie de la philosophie d'Helvétius des écrivains sans doute moins illustres que ceux dont j'ai d'abord produit les noms, mais qui ont cependant leurs mérites, et qui ont surtout celui d'avoir fait, au XVIIIe siècle, sans grand éclat peut-être et sans grand résultat, mais non sans solidité et sans force, une ferme opposition au sensualisme régnant, l'abbé de Lignac et l'abbé Gauchat, par exemple (1).

L'abbé de Lignac, esprit fin et judicieux, penseur péné-

_____

(1) On pourrait nommer aussi le P. Richard, l'abbé Baruel et autres.

Si l'on voulait être édifié dans le détail sur les nombreuses inconséquences dans lesquelles tombe Helvétius, on n'aurait qu'à consulter un long chapitre de l'abbé Gauchat qui en fait, on peut le dire, un recueil complet et vraiment curieux.

trant, bon écrivain et analyste savant, n'a peut-être eu que
le tort, dans son *Examen du Livre de l'Esprit,* de n'avoir
pas toujours donné à cette discussion, au moins dans la
forme, un tour assez sérieux ; car il est difficile de réfuter
avec plus de vigueur et de modération tout ensemble la
doctrine d'Helvétius ; et, quoiqu'il s'attache particulièrement
à en combattre la métaphysique, il n'en néglige pas la morale, et voici comment, entre autres endroits, il en présente
la critique (p. 104 de son *examen comique*) : « Pourquoi
êtes-vous au monde? — Pour m'y procurer le plus de plaisir
possible. — Êtes-vous libre de choisir entre plaisir et plaisir? — Non, je suis entraîné par une fatalité invincible dans
toutes mes volontés et toutes mes actions. — Vous n'êtes
donc pas au monde pour être honnête et vertueux? — J'y
suis pour y être ce que j'y suis, puisque je ne puis y être autrement. — Qu'est-ce que la vertu? — C'est mon intérêt
personnel, lié à celui de ma nation. — Êtes-vous obligé d'aimer l'intérêt de votre nation ? — Autant que j'y trouve mon
compte. — Seriez-vous méchant si vous troubliez l'ordre de
la société? — Oui, dans l'esprit de mes concitoyens ; mais,
en moi-même, je serais bon comme un loup le serait dans
son espèce. — Qu'est-ce que la perfection morale? — Ce
qu'il plaît aux hommes d'appeler ainsi. — D'où viennent les
grandes vertus? — Des passions poussées jusqu'à leur dernière période, et qui font aussi les grands crimes. — Faut-il
réprimer les passions? Ce serait peine inutile dans des êtres
qui sont mus par la fatalité, et pernicieuse si elle réussis-
sait. »

Quant à l'abbé Gauchat, dont je voudrais aussi donner
quelque chose, pour lui faire honneur de sa part dans la

lutte contre Helvétius, théologien peut-être plus que philosophe, il ne manque cependant pas de bonnes raisons dans sa réfutation; mais il laisse parfois à désirer plus de sobriété, plus d'élévation, un meilleur ordre de composition ; il y a trop du journaliste dans ses *lettres*. Voici quelques-unes de ses observations sur la morale d'Helvétius (t. II, p. 140 et 260) : « Il y a en nous l'amour de soi, et dans l'amour de soi un double désir, celui du bonheur et celui des moyens du bonheur. Le premier est nécessaire et universel, le second libre et variable. Helvétius ne reconnaît que le premier, et dit en conséquence : Suivez ce but sans regarder aux moyens ; votre bonheur à tout prix et sans condition. Mais les moralistes chrétiens, plus éclairés et tenant compte de l'un et de l'autre désir, ne disent pas : n'ayez pas d'intérêt, ne cherchez pas votre bonheur, ils disent : cherchez votre bonheur, votre bonheur véritable ; mais ayez égard aux moyens, ne prenez que ceux que permet la loi divine. Point de bonheur, par conséquent, contre cette loi qui est un commandement de justice et d'amour. Nous aimons, voilà le fond de notre être ; mais ce qui n'est pas moins dans notre être, c'est d'avoir une loi, un ordre à suivre, et, par suite, l'obligation de nous conformer dans notre amour à cette loi, à cet ordre. On sait bien que tout ce que l'homme peut désirer, sentir, rechercher, c'est parce qu'il l'aime, qu'il le désire, le sent et le recherche. Mais il serait aussi absurde qu'impie de soutenir que tout ce qu'il fait, parce qu'il s'aime, est juste ; à l'amour de soi est essentiellement joint un autre principe qui le dirige et le rectifie. »

Tels sont les jugements que des auteurs, d'ailleurs d'ordre, de génie, d'humeur, de sentiments et même, on peut le dire, de partis différents s'accordent à porter sur la morale d'Helvétius. Ils sont, ce semble, accablants pour la doctrine qu'ils condamnent, et il n'y aurait rien à y ajouter si, par quelques réflexions, qui n'en sont au reste que la suite, on ne pouvait espérer, en les rapprochant, en les coordonnant, en les ramenant par l'abstraction à une commune expression, en former une seule et même critique, et leur prêter ainsi, au moins logiquement, une nouvelle force de réfutation. C'est ce que je vais essayer, et ce qui me servira, en même temps, de préparation et comme de transition à cette théorie de l'amour que j'ai annoncée précédemment, et que je me propose de présenter en opposition avec celle du livre de l'Esprit.

Que suit-il donc, en les généralisant dans ce qu'elles ont d'essentiel, des diverses objections que nous venons de voir diriger contre la morale d'Helvétius? Que des deux termes en rapport dans la question qu'il traite, du sujet et de l'objet, de l'homme et de son but, de ce qui le porte intimement au bien et du bien en lui-même, il n'entend pas mieux l'un que l'autre; qu'il les méconnaît également, en réduisant l'un à la sensibilité physique et l'autre par conséquent à l'utile, et qu'ainsi, de tout point, sa solution est défectueuse. En premier lieu, n'y a-t-il en nous que l'amour de l'utile, et tous nos autres amours n'en sont-ils, dans leur diversité, que des formes variées, l'amour du beau comme celui du juste, l'amour du vrai comme celui du saint; et par suite, tous nos mérites, toutes nos vertus et tous nos talents, qui, à l'aide de la liberté, se rattachent à l'amour, n'ont-ils pour fin que le bien-être et l'utile? La justice et la charité ne sont-elles que des intérêts, la piété qu'une industrie, le génie

qu'un calcul, la poésie, l'éloquence et la science que des espèces de sensualités ? Helvétius a raison ; il n'y a en nous de
mouvement au bien que par et pour les sens, et nous n'a-
vons de bonté que la sensibilité qui leur est propre, c'est le
triomphe en morale de la sensibilité physique, comme il l'appelle.

Mais si aimer n'est pas toujours et en tout aimer l'utile ;
si avec l'utile, qui n'est proprement que de la matière à consommer, nous aimons notre prochain, qui est une âme à respecter, si nous aimons notre créateur, qui est une âme à adorer, si nous aimons le beau et le vrai, dont l'un est, dans les
choses, leur perfection à admirer, et l'autre leur essence et
leur loi à déterminer ; si par conséquent tout ce qui sort de
bon de ces diverses manières d'aimer, si la justice et la charité ne sont plus du commerce et la religion de l'économie ;
si le génie, sous tous ses aspects, est autre chose qu'une affaire ; si, à un certain degré d'excellence et dans de certaines
conditions, toutes ces pratiques du bien deviennent, chacune
à leur manière, de grands détachements, de grands renonce-
ments ; si le juste a du héros, et le saint du martyr ; si le
poëte aussi et l'orateur et le savant portent du dévouement
dans leur œuvre, si par tant de traits éclatent des amours
tout autres que celui de l'utile, Helvétius n'a plus raison ; il
a tort, et tort grave. Il se trompe de la plus triste comme
de la plus grossière des erreurs, il ne comprend de nos
inclinations, de nos dispositions au bien que la moins
elevée ; encore ne la comprend-il pas avec exactitude,
car ce n'est pas bien apprécier l'intérêt en lui-même, et
tel que Dieu a pris soin de le mettre en nos cœurs, que
de ne pas l'y voir uni et subordonné à quelque chose de

supérieur et de plus pur, qui le légitime et l'explique. Helvétius n'entend rien au sage, au héros et au martyr; il n'entend rien au poëte, au savant et à l'orateur. Que lui parlez-vous de Régulus ou de d'Assas? Que lui parlez-vous d'Homère, de Dante ou de Milton? et de Socrate et de Platon, et de Descartes et de Leibnitz?

Vous lui demandez si ce ne sont pas là de nobles et grandes âmes, de nobles et beaux génies, tout occupés d'autres soins que celui de l'utile; il vous répondra que ce sont des façons d'industriels qui exploitent, ceux-ci le vrai et le beau, ceux-là le juste et le saint, comme le laboureur son champ ou le fabricant sa houille, son fer ou son coton. Qu'attendez-vous qu'il vous dise de ces pauvretés sublimes, de ces sacrifices presque surhumains, de ces morts presque divines, que vous honorez de vos plus profondes sympathies, de vos plus pieux respects, de vos plus religieux hommages? Que ce ne sont dans l'humanité de si admirables mérites, que parce qu'ils y sont dégagés de tout calcul intéressé? Non, mais que ce sont au contraire des raffinements, il est vrai, en dernière fin bien trompeurs, d'un sensualisme particulier; ou plutôt, parce qu'après tout l'utilité leur échappe, que ce sont des folies; folie en effet que le génie, si grave labeur et qui rapporte si peu; folie que la vertu, qui travaille aussi, et souvent aussi si douloureusement, pour ne pas plus produire; folie que toutes ces œuvres qui se détachent de la terre pour se donner au ciel, et n'arrivent à rien, à rien du moins de ce qui compte; folie comme cette autre folie, dont elles participent toutes plus ou moins, et qui a été appelée la folie de la croix; car toutes ont cela de commun de tendre à une autre fin que la jouissance matérielle. Voilà ce qui sur-

passe Helvétius, ce qu'il ne conçoit ni n'explique, c'est-à-dire
qu'il n'explique pas l'homme dans ce qu'il a d'excellent;
l'explique-t-il même dans ce qu'il a de moins bon? Il semble que, familier comme il l'est avec l'épicurien et le voluptueux, il devrait les avoir mieux pénétrés et compris. Il n'en
est rien; ils lui restent, au moins en partie, obscurs et cachés. Car il n'y démêle pas ce qui, sous ces habitudes de vie,
sous ces engagements aux sens, sous ces entraînements aux
plaisirs, y réside, néanmoins, pour y percer et s'y développer à l'occasion, de secrètes ardeurs, de latente énergie, de
bons germes ensevelis, mais non pas étouffés, de vertus
même qui attendent et peuvent avoir leur jour. Il ne sait pas
que dans l'homme de plaisir, par un don persistant et une
grâce de nature, il peut y avoir, quoique en apparence ef-
facé, quoique souillé et corrompu, du meilleur de l'homme.
Vienne en effet l'épreuve, vienne l'aiguillon pénétrant, et le
mieux jaillira, et le juste et le sage sortiront du voluptueux,
et peut-être le héros, et peut-être le martyr; et, dans l'épicurien, il ne sera pas impossible que se trouve et paraisse
le stoïcien ou le chrétien. Il s'est vu plus d'une de ces singulières et admirables conversions. Helvétius n'y croit pas;
mais c'est qu'il ignore en son fond la richesse du cœur humain. Il n'y voit qu'un amour, et le moindre de tous, tandis
qu'il y en a tant d'autres, plus excellents, plus profonds. Je
prends pour exemple le XVIIIe siècle lui-même : aux moins
bons de ses jours et dans les moins bons de ses mouvements,
ce siècle, qu'il ne faudrait pas cependant trop décrier de
peur de le calomnier, n'en fut pas un précisément d'ascétisme
et de rigorisme, quoiqu'il eût aussi son enthousiasme et ses
hautes aspirations, quoique parmi tout son sensualisme

il ne restât pas indifférent aux plus saintes choses de l'âme,
aux idées, à la liberté, à l'amour de l'humanité. Mais, enfin, tenons-le pour un temps où mœurs et doctrines, tout
semblait incliner du côté de l'utile. Helvétius, qui y reconnaît, et même à l'excès, cette infirmité et cette faiblesse, n'y
reconnaît pas autre chose ; il n'y soupçonne, il n'y pressent
pas d'autres principes et d'autres mobiles. Il ne devinerait
pas que, le moment venu de prendre un autre caractère et de
tenir une autre conduite, cette génération, en apparence si
engagée à l'épicuréisme, trouvera en elle, pour l'exil, la pauvreté, le champ de bataille et l'échafaud, une dignité, une
constance, un courage, une résignation, des dévouements et
des détachements qui s'élèveront jusqu'à l'héroïsme, jusqu'à
la sainteté du martyre. C'était un secret qu'Helvétius ne savait pas, que son cœur, qui était noble et bon, aurait pu
certainement découvrir, mais que son esprit, trompé par
une fausse doctrine, lui dérobait malheureusement.

Il ne savait pas mieux, et par les mêmes raisons, ce qu'est
le bien en lui-même ; et ignorant comme il l'était des dispositions qui nous y portent, il l'était également des éléments
qui le constituent.

En effet, si pour but à toutes les déterminations de notre
âme il n'y avait comme bien que l'utile et ses fruits ; s'il n'y
avait avec l'utile, qui n'est, comme je l'ai déjà dit, que de la
matière à consommer, ni le juste, qu'on pourrait définir
l'âme humaine à respecter, ni le saint, qu'on pourrait dire
l'âme divine à adorer, ni le beau, qui est en toute chose une
exquise perfection à admirer, ni le vrai, qui en est l'ordre et
l'essence à rechercher, ou si le juste et le saint, et le beau et
le vrai, n'étaient au fond que l'utile, derechef, il faudrait

l'avouer, Helvétius aurait raison, et sa morale serait la bonne. Il n'y aurait pas dans la vie d'autre objet de soin, de poursuite, d'amour, d'autre bien que le bien-être.

Mais si ce n'est là qu'une hypothèse aussi fausse que fâcheuse, si avec l'utile, qu'il ne faut pas méconnaître, mais qu'il ne faut pas admettre seul ni hors de sa place et de son rapport, il y a le juste et le saint, et le beau et le vrai, tous avec leur caractère et leur existence propres, Helvétius, qui a commencé par une grave erreur sur l'amour, finit par une erreur non moins grave sur l'objet même de l'amour; il se trompe grossièrement sur toutes les espèces de biens, l'utile excepté; et encore sur l'utile n'est-il pas exact: car qu'est-ce que l'utile sans le juste et le saint, sans le beau et le vrai? Qu'est-ce que l'utile sans ce qui lui donne sa règle, sa raison et au fond son vrai prix? Qu'est-ce que l'utile par-dessus tout et à l'exclusion de tout? Qu'est-ce que l'utile où tout rentre, Dieu et l'homme comme la nature? sous la loi duquel, par conséquent, Dieu n'est plus proprement une âme pour notre âme, un principe excellent de sagesse et d'amour, une providence en un mot, mais plutôt un pourvoyeur, et plutôt encore, pour rappeler une expression de d'Holbach, une fabrique, un atelier; cet atelier universel qu'on nomme la nature? Qu'est-ce que l'utile, auquel tout l'homme se rapporte, à ce point que la famille n'est pas plus que le champ qui nous nourrit, et la patrie que le sol qui nous porte et nous protége en commun? Qu'est-ce que l'utile érigé en souverain but de la vie?

A cet état d'excès, l'utile est-il encore l'utile; conserve-t-il sa valeur propre; reste-t-il ce que par son essence il est appelé à être, un moyen légitime, quand il est ordonné.

de concourir matériellement au développement de notre destinée? Non, il n'est qu'un objet de recherches sans retenue et de poursuites sans mesure, qu'un appât corrupteur, qu'un bien qui n'en est plus un, parce qu'il n'a plus de règle.

Qui voudrait de l'utile à ce prix? et quelle conscience ne se révolterait à l'idée de l'intérêt ainsi proposé? Le cri de sainte indignation qui échappe, en cette occasion, à l'éloquence de Rousseau n'est que l'écho des sentiments communs du genre humain.

Où en est donc Helvétius par toute sa théorie? Il établit une loi générale qui consiste à ramener tout amour à la sensibilité physique, et tout objet d'amour à l'utile. Mais quand on établit une loi générale, comme le lui fait observer Diderot, il faut qu'elle embrasse tous les phénomènes auxquels elle doit s'étendre; or, ici rien de tel; ni tout l'amour, d'une part, ni tout l'objet de l'amour, de l'autre, ne rentrent dans l'explication qu'il lui plaît d'en donner; sa prétendue loi n'en est pas une, et son faux système est ce vaisseau qui fait eau de toute part, et qu'avec quelques exemples, comme dit encore Diderot, on peut aisément couler à fond.

Cependant, d'après ce que j'ai annoncé, tout n'est pas dit sur ce point. C'est une théorie de l'amour qu'Helvétius nous a donnée; pour achever de lui répondre, n'est-ce pas aussi une théorie de l'amour qu'il faut lui opposer, et qui soit, s'il est possible, plus complète, plus exacte et plus vraie que la sienne. Il n'a bien compris ni ce que c'est qu'aimer ni ce que c'est que l'on aime. Or, si sur l'une et l'autre question on croit avoir une solution meilleure et plus satisfaisante, ne convient-il pas de la présenter? et quoique sans doute ce soit toujours chose assez délicate que de toucher à ces matières, après Helvétius cependant la tâche est un peu moins difficile ; et quant à moi, tout en sentant le besoin de réclamer de nouveau une bienveillante indulgence et une patiente attention pour un travail qui, sans être précisément un hors-d'œuvre, ressemble du moins beaucoup à une digression, j'aborderai avec quelque confiance la double question que je me suis proposé de traiter, et à mon tour je me demanderai : Qu'est-ce qu'aimer, et qu'aimons-nous ?

Théorie de l'amour.

Et d'abord, qu'est-ce qu'aimer? qu'est-ce qui fait que l'on aime? à quoi tient en nous l'amour? Je n'énoncerai, je pense, que la réponse commune en disant que c'est avant tout à la bonté elle-même. Ce n'est en effet que parce que nous sommes bons que nous sommes disposés à aimer, et c'est ce qu'il y a de bon en nous, et non ce qu'il y a de mauvais, qui nous porte à l'amour. « L'amour est une grande chose, dit l'auteur de l'*Imitation*, c'est un grand bien..... ni dans le ciel ni sur la terre, il n'y a rien de plus doux, de plus fort, de plus parfait et de meilleur..... né de Dieu, il n'a de repos qu'en lui. » Comment donc n'y aurait-il pas de la bonté dans l'amour? Aimer c'est jouir, ou du moins aspirer à jouir. De quoi? Du bien. Comment alors ne serait-ce pas un mouvement du bien au bien? Par la fin d'une action on en peut juger le motif. Or ici la fin est le bien ; quel en est par conséquent le motif? Le bien. Si donc nous aimons, ce n'est et ce ne peut être que par l'impulsion de ce qu'il y a de bon

13

en nous. Non-seulement nous aimons, mais nous aimons à aimer, remarque justement un auteur. L'amour est donc aimable, et il l'est comme une bonne chose, comme un doux fruit du bien. Aimer est d'une bonne âme; aussi le méchant n'aime-t-il pas, ou n'aime-t-il que du peu de bien qui lui reste dans le cœur; comme méchant, il n'a de passion que pour haïr et détester. Mais l'homme de bien abonde d'amour; nous n'aimons jamais plus et mieux que quand nous sommes excellents. Sainte Thérèse dit quelque part (*Chemin de la perfection*, p. 285) : « Ceux qui aiment Dieu véritablement aiment tout ce qui est bon, veulent tout ce qui est bon, favorisent tout ce qui est bon, louent tout ce qui est bon, se joignent toujours avec les bons. » Comment ceux qui aiment ainsi ne seraient-ils pas bons eux-mêmes, et, en général, comment aimer sans être bon ?

Mais si, comme on vient de le voir, il y a du bien dans l'amour, il s'y trouve aussi autre chose et d'autres principes s'y découvrent, qui, pour être moins manifestes, n'en sont pas moins essentiels. On a dit (saint Thomas d'après saint Augustin) que l'amour est une force *unitive*, qu'il est *unitif* de sa nature. On trouve, dans saint François de Sales, la réponse d'un religieux, qui dit la même chose, mais d'une manière plus énergique encore, quoique peut-être un peu bizarre. Comme on lui demandait ce qu'on pouvait faire pour être agréable à Dieu : L'*un* à l'*un*, répondit-il, l'*un* à l'*un*; ce qui signifiait, ajoute saint François : « Donnez tout votre amour qui est un à Dieu qui est un. » (Saint François de Sales, *Trait. de l'amour de D.*, p. 198.) Or, que conclure de ces paroles, si ce n'est que pour aimer il faut avoir en soi l'unité, puisqu'il n'y a que l'unité qui rende un être *unitif*, qui lui per-

mette d'être l'*un* à l'*un*. Il n'y a que l'*un* qui aime ; le multiple
en soi et livré à lui-même, le multiple en l'absence de toute
unité, qui le compose et l'ordonne, ne tend pas à l'union mais
à la division, à l'amitié mais à la discorde. Il n'y a que l'*un*,
encore une fois, qui puisse devenir *unitif*. Point d'amour,
par conséquent, qui ne parte d'un être un. Aussi n'y a-t-il
que l'âme, essentiellement une de sa nature, qui soit capable
d'aimer. Le corps n'aime pas, il ne fait que céder et servir à
l'amour ; et s'il a quelque aptitude à l'exprimer, à le manifes-
ter, à le répandre au dehors, c'est parce que l'âme la lui communique, en lui imprimant, autant que le peut l'esprit à la
matière, quelque chose de son intime et active simplicité.
L'unité, toute seule, ne suffit sans doute pas pour aimer ;
mais où elle manque, manque aussi une des conditions de
l'amour.

S'il en est ainsi de l'unité, il en doit être de même de l'i-
dentité, qui n'est que l'unité continuée ou la permanence dans
l'unité. En effet, qu'est-ce qu'aimer si ce n'est durer ? qu'est-ce
que s'unir, si ce n'est s'attacher, et qu'est-ce que s'attacher si
ce n'est persévérer en amour ? Au sens peu rigoureux où l'entend vulgairement le monde, on peut bien dire qu'il y a de
l'amour sans constance. Mais dans la langue plus précise et
plus rigoureuse de la science, il n'y en a pas sans cette permanence dans l'être, sans cette persistance de la personne,
sans cette espèce de constance en soi, qui s'appelle l'identité
et qui seule permet à ce sentiment de se développer. Aimer
n'est pas l'affaire d'un moment, c'est plutôt celle de toute la
vie, et d'une vie sans lacune, continuant indéfectible de ce
monde-ci à l'autre ; car il n'y a pas trop de l'immortalité,
s'ajoutant comme achèvement à notre destinée présente,

13.

pour donner tout son cours à cette effusion d'amour dont nous avons en nous la source intarissable. Comment aimer de tant de façons qui se succèdent et s'enchaînent, et qui ne sont pas des épuisements, mais de féconds renouvellements de nos affections les plus tendres; comment aimer comme fils, comme époux, comme père, comme ami, comme citoyen, comme créature de Dieu, sans rester soi et le même, sans garder intacte et vive, parmi toute cette variété de situations et de relations, sa primitive personnalité? Il n'y aurait de l'amour qu'un soupir, qu'un souffle à peine formé, qu'une flamme aussitôt éteinte, s'il n'y avait pas identité, s'il n'y avait par conséquent ni mémoire ni prévoyance, mais seulement perception d'un présent, sans lien ni avec le passé ni avec l'avenir. Serait-ce encore aimer qu'aimer avec cette perpétuelle instabilité d'affection, qu'en être à chaque instant à recommencer son amour, que ne pouvoir le continuer et le conserver à rien, faute de temps pour durer? Ce qui aime en nous, c'est quelque chose de bon, c'est quelque chose de un, c'est quelque chose aussi d'identique.

Ce n'est cependant pas encore là l'être aimant tout entier.

Ainsi, comme on l'a bien dit, l'amour est une force, une force unitive; l'amour est la vie même, c'est le feu de la vie, comme la pensée en est la lumière, et la liberté la conduite. Il en est l'élan impétueux et ardent, et quand il a tout son essor, c'est en transports, c'est en ravissements, c'est en irrésistibles entraînements qu'il se montre et éclate; s'adressant à Dieu dans toute la ferveur et toute la pureté de son zèle, c'est à la fois la plus sublime et la plus énergique des actions

de l'âme humaine. On peut en croire ces pieux génies, ces
docteurs du cœur, pour ainsi dire, si habiles et si exercés en
ces profondes expériences de l'amour religieux ; tous s'accordent à témoigner qu'il n'a de terme et de repos qu'en son
divin objet, si même alors il y a repos, si ce n'est pas une
nouvelle et plus pleine activité qu'il y trouve et y puise, si
dans sa céleste sérénité il n'est pas plutôt encore excité et
fortifié.

Je n'ajouterai rien qui n'aille de soi, en disant que l'être qui
aime est aussi par essence nécessairement intelligent. L'intelligence en effet est un des éléments de l'amour ; non que connaître soit aimer, ou suffise pour aimer ; mais on n'aime pas
sans connaître ; il n'y a pas désir de l'inconnu, *ignoti nulla
cupido*. On a supposé l'amour aveugle ; il n'en est rien. Il est
sans doute très-sujet à l'illusion et à l'erreur ; mais cela même
prouve qu'il n'est pas sans certaines lumières ; il est parfois
très-vigilant, très-clairvoyant, et il lui arrive d'avoir des
illuminations supérieures, de hautes inspirations et des traits
pénétrants et profonds : c'est son génie. Plus d'un auteur l'a
observé, on n'aime que ce qu'on connaît, et notre amour suit
notre connaissance ; mais saint François de Sales est un de
ceux qui l'ont le mieux montré, sous les formes toutefois et
dans le langage qui lui sont propres. Ainsi il veut d'abord
prouver que ce n'est pas toute pensée mais seulement une
certaine espèce de pensée qui est propre à l'amour, et il dit :
« Toute méditation est une pensée, mais toute pensée n'est
pas une méditation..... quand nous pensons aux choses divines, non pour apprendre, mais pour nous affectionner à
elles, cela s'appelle méditer.... et la méditation est un exercice par lequel notre esprit, comme une sacrée avette, va çà

et là sur les fleurs des saints mystères, pour en extraire le miel
du divin amour. » Et plus loin, reprenant cette image à laquelle il se plaît et qui revient fréquemment sous sa plume, il
dit encore : « L'avette, qui va au printemps volant sur les fleurs,
non à l'aventure, mais à dessein, non pour se récréer seulement à voir la diaprure du paysage, mais pour chercher le
miel, est l'image de l'âme dévote en la méditation. Elle va
alors de mystères en mystères, non à la volée, et pour se
consoler seulement à voir l'admirable beauté de ces divins
objets, mais pour y trouver des motifs d'amour et de céles-
tes affections. » Voilà comment « conférer et exercer son
esprit avec Dieu, c'est prier : » « nous méditons pour recueillir l'amour de Dieu, et puis quand nous l'avons recueilli,
nous méditons de nouveau, nous contemplons Dieu, nous
sommes attentifs à sa bonté par la suavité que l'amour nous
y fait trouver. De là un redoublement d'amour, conséquence
de ce nouvel exercice de la pensée religieuse ; en sorte que
par ce mutuel mouvement de l'amour à la vue et de la vue à
l'amour, comme l'amour rend plus belle la beauté de la chose
aimée, de même la vue de celle-ci rend l'amour plus amoureux et plus délectable. » « Ainsi la connaissance est requise à
la production de l'amour, et à mesure que la connaissance
attentive du bien s'augmente, l'amour aussi prend davantage
de croissance. »

Concluons donc qu'une certaine perception de l'objet à
aimer, est nécessaire à l'amour.

Il n'y a pas d'amour sans intelligence ; mais n'y en a-t-il
pas sans liberté ? Assurément, quoique alors il ne soit pas
l'amour vraiment humain, l'amour tel qu'il convient à
l'homme, mais plutôt tel qu'il appartient à l'instinct de la

brute, laquelle en effet n'aime jamais librement. Mais si même en notre âme l'amour commence par la fatalité, pour peu que nous fassions usage de notre raison, c'est-à-dire de notre liberté régulièrement exercée, il ne finit pas de même; et à mesure que nous nous appliquons davantage à le posséder, il se laisse en effet mieux gouverner, mieux diriger; il se laisse offrir, engager, donner, rendre ou retirer, au moins dans une certaine limite; il se prête, en un mot, à l'action de la volonté. Nous disposons donc jusqu'à un certain point des mouvements de notre cœur, nous y pouvons quelque chose : et c'est même ce qui en fait le prix, ce qui en fait le mérite et la dignité. L'amour n'a toute sa valeur, tout son droit à l'estime, il ne participe à la vertu que quand, soumis à la liberté, il prend caractère de moralité. Autrement il n'est qu'un instinct plus ou moins heureusement développé.

Il ne faut donc pas dire que l'amour n'est pas libre, il faut au contraire proclamer qu'il l'est, et même qu'il peut l'être à un très-haut degré, et que c'est alors seulement qu'il a toute sa pureté et toute son excellence.

Maintenant savons-nous quel est l'être qui aime ? Je le crois ; il me semble en effet en avoir assez exactement reconnu et déterminé tous les attributs essentiels; et puisqu'il est vrai que pour aimer il faut avant tout avoir un certain fonds de bonté, et y joindre l'unité, l'identité de substance, l'activité spirituelle, l'intelligence et la liberté, il suit que c'est le bien à l'état d'âme, ou l'âme par ce qu'elle a de bon, qui est capable d'amour.

C'est donc l'âme qui aime et nullement le corps. Je n'en ferais pas de nouveau la remarque, tant par tout ce qui précède cela me paraît démontré, si ce ne m'était une occasion de donner quelques explications qui ne sont peut-être pas inutiles. Ce n'est pas le corps qui aime, quoiqu'il aide à aimer, quoiqu'il témoigne que l'on aime, et qu'il participe de plus d'une façon à l'action de l'amour; mais s'il y participe, il ne la produit pas; s'il la seconde, il ne l'engendre pas; il n'en est pas le principe, il n'en est que l'instrument, le moyen, l'expression, et tout au plus l'excitation. Il n'a rien de ce qu'il faut pour aimer, il a seulement ce qui convient pour se prêter à l'amour. Ainsi ni le regard qui s'attendrit, ni la bouche qui sourit, ni la main qui caresse, ni le cœur qui bat, ni les entrailles qui s'émeuvent, ni aucun des phénomènes de la vie qui se rapportent à l'amour, tels que la chaleur du sang, la vive énergie des nerfs, le sexe, l'âge et le tempérament, ne sont les causes premières, les vraies causes de ce sentiment, ils n'en sont que les signes, que les agents, ou les conditions organiques. Encore une fois ce n'est pas le corps, ce n'est rien du corps qui aime, il en est incapable, jusque dans les appétits mêmes, qui semblent lui appartenir de plus près, comme la faim, la soif, l'instinct de la conservation et celui de la reproduction. C'est sans doute plus particulièrement pour le corps et à propos du corps que nous éprouvons ces désirs, mais ce n'est que dans l'âme et par l'âme que nous les sentons réellement. Le corps a des fonctions qui s'y rapportent et y répondent, il n'a pas les émotions qui proprement les constituent, il n'a rien de ce qui suppose la conscience, qu'il n'a pas, et l'amour, qu'il ne possède pas. Nous ne le confondrons donc pas avec l'être qui aime; et quand, comme nous allons le faire, passant de cet être lui-même à son caractère distinctif, nous rechercherons ce que c'est qu'aimer, ce ne sera pas le corps mais l'âme que nous aurons en vue;

le corps du moins dans cette étude ne nous occupera jamais que pour la part limitée que nous venons de lui assigner.

En se demandant ce que c'est qu'aimer, ce que c'est que l'amour, il n'y a pas à se dissimuler que c'est porter ses recherches sur un sujet délicat, et qu'il est de la prudence de n'y pénétrer qu'à la suite et sous la conduite d'autorités qui nous gardent de tout excès et de tout péril. Aussi j'interroge Bossuet, juge si sobre et si ferme en de telles matières, et je recueille de lui cette double réponse : « L'amour est une puissance souveraine, une force impérieuse, qui est en nous pour nous tirer hors de nous, un je ne sais quoi qui dompte et captive nos cœurs, qui nous fait dépendre d'autrui et aimer notre dépendance. On peut dire encore que le propre de l'amour est de tendre à l'union la plus étroite qui puisse être, et qu'il ne se contente pas d'une jouissance superficielle, mais qu'il aspire à la possession parfaite. » Mais ce n'est là encore l'amour expliqué que d'une manière très-générale, et abstraction faite en quelque sorte de l'ordre de ses objets et de ses conditions de légitimité. Aussi Bossuet ne se borne pas à ces termes, et il dit en outre : « Aimer Dieu plus que soi-même, le prochain non pour soi-même, mais comme soi-même, pour l'amour de Dieu, voilà la droiture, la rectitude de l'amour, voilà l'ordre et la justice. » Je consulte à son tour Fénelon, quoique avec plus de réserve, et en choisissant à cet égard ce qu'il offre de plus plausible en ses pensées ; et voici entre autres choses ce que j'y trouve : « Il importe beaucoup, dit-il, d'observer la différence qui existe entre aimer un objet et le désirer pour soi. Les idées de ceux qui rejettent l'amour désintéressé sont fausses là-dessus ; ils n'ont point d'autre idée de l'amour que celle d'un désir ; la raison pré-

14

cise d'aimer un objet, c'est le degré de bien qui est en lui. »
— Si j'osais intervenir ici par un mot, j'ajouterais : Le degré
de bien qui est en lui, mais en rapport avec notre bien propre, et fait pour y contribuer. — Mais je laisse poursuivre
Fénelon : « Certainement on ne peut le désirer pour soi, à
moins qu'on ne s'aime soi-même. Si je n'avais aucun amour
pour moi, je pourrais concevoir la béatitude sans qu'elle pût
exciter mes désirs. L'amour de soi est donc le fondement essentiel de tout désir de soi ; la bonté seule de l'objet et sa convenance ne peut nous le faire désirer pour nous, qu'autant
que nous nous aimons. Les âmes parfaites ne peuvent donc
désirer le souverain bien qu'en la manière dont elles s'aiment,
et elles ne s'aiment que par pure conformité avec la volonté
de Dieu. » Tel est ici le sentiment de Fénelon, plus exact
que celui qu'il professe ailleurs au sujet de ce cinquième
amour, de cet amour pur, dont il bannit jusqu'à l'espérance
et dans lequel il n'admet pas même le désir, pas même l'at-
tente du souverain bien en tant que nôtre, parce que, dit-il,
« aimer le *bonum mihi*, est mon motif, ma raison précise de
vouloir ce que je veux, quand j'agis par le motif propre de
l'espérance. » — Comme si aimer n'était pas en nous une disposition faite pour nous ; comme si aimer n'était pas se rapporter à meilleur que soi, pour se rendre meilleur soi-même ;
comme si ce n'était pas le mouvement du bien en soi au bien
hors de soi pour accroître l'un par l'autre ; comme si de ces
deux biens, négliger l'un pour l'autre n'était pas tenter une
œuvre imparfaite et au fond impossible. — Mais ce n'est pas
encore le moment d'entrer dans cette question ; et m'en tenant à la doctrine la plus admissible de Fénelon, si rappro-
chée, dans le passage qui vient d'être cité, de celle de Bos-

suet, j'use de l'un et de l'autre, et cherchant sur leurs traces à saisir par l'analyse le secret de l'amour, je me demande de nouveau : Qu'est-ce qu'aimer? Aimer c'est s'émouvoir, et s'émouvoir, agir; mais de quelle façon agir? quelle est cette action de l'âme que l'on nomme l'amour? Ce n'est pas celle qui va de ce qu'il y a en nous de vrai ou de fait pour le vrai, au vrai lui-même et en soi; ce n'est pas la pensée; mais c'est celle qui va de ce qu'il y a en nous de bien ou de fait pour le bien, au bien lui-même et hors de nous, et se traduit en affections et en passions de toutes sortes.

Toute action a deux termes : celui duquel elle part et celui auquel elle tend. Ici, comme je viens de le dire, l'un de ces termes est le bien, tel du moins qu'il est en nous, et l'autre le bien, tel qu'il se trouve hors de nous. L'amour, que l'on a défini un mouvement et comme un écoulement du cœur au bien, n'est pas en effet autre chose; et s'émouvoir est comme se mouvoir au sentiment de ces deux biens, afin de rapporter l'un à l'autre, d'unir l'un à l'autre, et d'accroître dans cette union le premier par le second.

Toute action a le caractère de la force dont elle procède; or ici la force est personnelle, l'action l'est par là même, et s'émouvoir, aimer est toujours de quelque façon mettre en jeu sa personne; aimer est toujours s'aimer, quoique ce ne soit pas seulement s'aimer, que ce soit aussi aimer autre chose que soi, un autre bien que le sien. Mais cet autre bien on ne l'aime, on n'a de raison de l'aimer, que parce qu'on s'aime soi-même. N'y rien voir pour soi, n'y rien trouver pour soi, ne l'estimer bon à rien par rapport à soi, n'est-ce pas au fond s'ôter tout motif de l'aimer? L'amour est en nous pour nous tirer hors de nous, mais non pas sans regard et sans

14.

retour sur nous-mêmes ; car autrement ce ne serait que l'oubli et l'abandon de notre âme y compris son salut, comme on l'a soutenu. Dans l'espèce d'union qu'il aspire à former, l'amour ne tend pas à la confusion, à l'annibilation de notre bien dans un autre, mais au dégagement et au développement de notre bien par un autre. Il n'est pas appelé pour perdre mais pour sauver ; et dans l'être qu'il anime il n'est pas un principe de privation, de diminution jusqu'au néant de sa propre personne, mais il en est au contraire un d'augmentation, de perfection, et en dernière fin de sanctification. Voilà pourquoi s'il n'y a pas réellement d'amour qui ne le soit que du *moi*, il n'y en a pas non plus qui ne le soit pas du *moi*; car alors à quoi bon et qu'aurait affaire l'homme d'un sentiment qui ne lui serait de rien, et n'entrerait pour rien dans la conduite de sa destinée?

Pourquoi aimer, si ce n'est pas pour nous mettre en union personnelle avec le bien, lui ouvrir notre cœur et le lui livrer à améliorer? Pourquoi tout ce mouvement sans but, tout cet empressement en pure perte? Pourquoi cet amour abstrait, qui serait en nous comme s'il n'y était pas, tant il y demeurerait étranger à tout ce qui nous toucherait? Ce ne serait certainement pas cette charité vivifiante et féconde, dont un auteur a dit : « que dès qu'elle a régné quelque temps dans une âme, on y trouve ses passées, sa piste et ses allures; » ce ne serait qu'un amour de raffinement et de subtile spiritualité, qui n'aurait d'autre vertu, selon l'expression énergique de Bossuet, que de nous vider de nous-mêmes, et de nous laisser indifférents.

On a quelquefois parlé de l'amour, de l'amour de Dieu en particulier, comme d'une grande solitude et d'une profonde séparation. Si l'on a voulu dire par là qu'il est un singulier détachement du monde et de ses liens, on a eu raison. L'amour de Dieu en effet dégage, isole l'âme, la fait comme seule sur la terre, mais pour mieux l'élever au ciel, pour la faire mieux vivre de sa vraie vie, en l'associant plus étroitement au principe même du bien. L'amour ne l'est jamais d'*une* seule chose, mais de *deux;* il ne l'est pas du sujet à l'exclusion de l'objet, ni de l'objet d'autre part à l'exclusion du sujet: il l'est de l'un et de l'autre à la fois, et dans leur juste rapport. N'aimer que soi n'est pas certes vraiment aimer; mais ne rien aimer de soi ne l'est pas davantage. Peut-être même à la rigueur ni l'un ni l'autre n'est-il possible, et l'égoïsme n'est-il qu'une manière de se préférer injustement à autrui, sans cependant l'exclure absolument de son cœur, comme le désintéressement un grand et saint attachement au plus pur de soi-même, avec union et dévotion à Dieu et au prochain.

Quoi qu'il en soit, et pour m'expliquer ici au sujet de l'intérêt, j'oserai dire qu'il en entre toujours quelque chose dans l'amour; mais je me hâte de distinguer et d'en reconnaître deux sortes, l'un selon le monde et au sens vulgaire du mot, qui consiste à n'aimer en soi que le moins bon de soi-même, le moi des sens et de la chair, au lieu de celui de l'esprit, et ce n'est là au fond, sous apparence d'attachement pour soi, qu'un fâcheux abandon et une déplorable négligence de sa personne véritable; l'autre, celui qui a pour but le plus grand bien, la perfection, le salut même de l'âme, et demeure assez indifférent à des avantages d'un autre ordre. Eh bien! des deux celui qui gâte, qui corrompt et qui flétrit l'amour, c'est le premier; le second au contraire le laisse intact et pur, l'anime et le vivifie. Les plus délicats, les plus doux, les plus ravis peut-être, mais non toujours les plus sages et les plus sûrs d'entre les docteurs, les mystiques en général n'ont pas toujours assez pris garde à cette distinction essentielle, et, confondant ensemble l'un et l'autre intérêt, ils ont traité de *mercenaire*, de *servile*, de *propriétaire*, tout amour d'où ne s'effaçait pas complétement la personne. Mais d'autres maîtres en ces matières, plus solides et plus discrets, ont mieux vu qu'aimer est toujours s'aimer, et que la charité, le plus pur des amours, appelle et n'exclut pas le soin attentif de son âme. Saint François de Sales, qui n'est pas des plus rigoureux à cet égard, que Bossuet même parfois surprend en inexactitude sinon d'intention, du moins de définition, s'exprime cependant en plus d'un endroit, et non sans bonheur, dans le sens que je viens d'indiquer : « Par la complaisance (qui est selon lui l'essence même de l'amour), Dieu, dit-il, est nôtre et nous sommes à lui; de telle sorte que notre cœur peut dire : La bonté de Dieu est toute mienne, puisque je jouis de ses excellences; et moi je suis tout sien, puisque ses contentements me possèdent. » Et ailleurs : « C'est là le noble larcin d'amour, qui, sans décolorer le bien, se revêt de ses couleurs, s'enrichit de ses dons sans l'appauvrir, comme l'air prend la lumière sans amoindrir la splendeur originelle du soleil. »

Donc réellement point d'amour où il n'y ait du moi; mais aussi, et c'est ce qu'il ne faut jamais perdre de vue, et ce sur quoi j'insiste afin d'être mieux compris, point d'amour où il n'y ait autre chose que soi, un autre bien que le sien. Ainsi le veut notre nature, qui ne peut pas plus se passer d'un bien qui n'est pas en elle, mais qui est fait pour elle, que rester étrangère et indifférente au bien qui est en elle et à elle. N'aimer que soi, si c'était possible, serait n'aimer que son infirmité, que sa misère, que le plus chétif des biens quand il est seul; ce serait comme n'aimer rien. Et même aimer avec soi autre chose que soi, mais s'aimer par-dessus tout et de préférence à tout, est une étrange faiblesse, et sous forme d'orgueil un bien petit amour.

Mais aimer hors de soi et pour soi toute espèce de biens, et au-dessus de tous celui qui en est le principe et la perfection, les aimer dans toute la simplicité et toute la droiture de son cœur, avec l'ardeur et la persévérance, le juste attachement dont, chacun à leur rang, ils sont dignes par eux-mêmes, voilà le véritable amour, qu'il soit l'amour de Dieu ou celui du prochain.

Ainsi d'abord l'amour de Dieu serait-il à ce point exclusif de tout intérêt, même de celui du salut, qu'il fallût pour l'éprouver ne tenir aucun compte de l'état de son âme, et rester indifférent à ses dispositions et par suite à ses œuvres bonnes ou mauvaises, comme l'ont prétendu les partisans à l'excès d'une opinion déjà assez excessive en elle-même? ou, sans aller si loin, ce même amour, de peur de conserver rien de mercenaire et de servile, devrait-il être poussé à ce point de renoncement ou plutôt d'oubli et d'abandon de soi-même, qu'on ne demanderait rien à Dieu, pas même son secours, et qu'on se livrerait devant lui à cette absolue quiétude, qui ne serait que la plus passive et la moins libre des piétés? Après les fortes raisons qui ont été données contre cette manière encore bien périlleuse d'entendre et de recommander l'amour pur, il est difficile de l'admettre et d'y adhérer sans réserve. Car comment supposer que l'homme, qui est créé et comme institué personne par Dieu lui-même, puisse et doive se dépouiller de toute personnalité, mettre son moi au néant, et ne plus rester qu'une vague et vaine substance, sans caractère comme sans but, sans besoin comme sans effort?

Ne serait-ce pas du même coup méconnaître Dieu et l'homme, diminuer l'un et l'autre, faire de celui-ci un bien qui ne s'élèverait pas jusqu'au soin de lui-même, jusqu'au désir et à la prière en vue de sa propre perfection, et de celui-là un bien qui ne serait pas loin de n'être bon à rien, tant il exciterait peu de désir et d'espérance? Vain et chimérique amour de Dieu, si pur en apparence, en réalité si vide, et qui pourrait bien ne se terminer qu'à une adoration sans raison et à un culte sans pratique. Le véritable amour de Dieu est plus ample et plus large, il a plus de fond et de vertu; il est deux amours en un, au lieu d'en être un seul; il est l'amour de deux biens dans leur juste convenance, il est en un mot la religion, avec tous ses pieux empressements comme aussi avec tous ses fruits les plus précieux et les plus doux.

Sans doute ce serait aussi une autre fausse manière d'aimer Dieu, que de se porter à lui avec un tel excès d'orgueil et de superbe personnalité, que ce ne serait plus soi-même qu'on abaisserait devant lui, mais lui qu'on abaisserait, et qu'on effacerait, en quelque sorte, devant soi; sorte d'égoïsme d'un genre à part, qui consisterait à ne voir dans le Créateur qu'un instrument de ses désirs, qu'un serviteur de ses passions; industrie, sous le nom de religion, qui n'aurait pour but que de marchander et de faire payer à celui auquel on les rendrait, les hommages mercenaires qu'on lui adresserait par calcul. Ce ne serait pas certes un tel amour qu'il faudrait proposer pour remplacer celui qui ne pèche du moins que par sa prétention chimérique à un impossible détachement de soi-même. Mais il y a entre l'un et l'autre un sentiment plus juste, plus exact de piété, qui concilie convenablement avec la plus entière dévotion et la plus humble soumission à Dieu, un certain retour sur soi en vue de sa propre perfection, qui n'a rien que de légitime et peut produire les meilleurs effets.

N'aimer que soi, ou s'aimer par-dessus tout, chimère, grossière chimère, puisqu'en cette disposition l'âme ne voit qu'elle, ne croit qu'en elle, et s'endort dans la contemplation de sa prétendue excellence. Mais d'autre part n'aimer rien de soi, pas même son salut, et n'aimer Dieu que par abstraction, au point de ne pas même regarder à sa justice et à sa bonté, et de ne les pas implorer, chimère aussi, et qui pour être plus raffinée n'en a pas moins sa vanité. Soyons donc à cet égard aussi sévères qu'on le voudra; disons s'il le faut, avec un auteur, qu'on doit « prendre garde de ne pas se plaire à aimer Dieu, de manière à s'occuper plus de se plaire en lui qu'à lui plaire; car alors, au lieu d'être amoureux de Dieu, on l'est de l'amour qu'on lui porte. » Écoutons et prenons dans ce sens ces paroles de sainte Thérèse : « Quand l'âme jouit de ce plaisir, elle se sent tout enivrée, toute couverte, tout enveloppée d'une ombre et comme d'une nuée de la Divinité, d'où tombe sur elle une rosée si délicieuse, et accompagnée d'influences si favorables, qu'il n'y a pas sujet de s'étonner qu'elle oublie toutes ses peines, tous les dégoûts que les choses du monde lui causent. » Soyons en défiance contre toute affection même pieuse, où serait trop engagé

15

le soin de notre personnalité et où notre complaisance serait plus pour nous que pour Dieu ; mais n'allons pas non plus jusqu'à dire, par opposition, que pour bien aimer Dieu il ne faut pas s'aimer soi-même, que notre amour pour lui n'est pur qu'autant que nous restons tranquilles et indifférents sur l'état de notre âme. Disons plutôt avec Bossuet : « En aimant Dieu, c'est nous-mêmes que nous aimons, comme aussi si nous l'entendons bien, en nous aimant nous-mêmes, c'est Dieu que nous devons aimer ; » et nous serons dans le vrai, en y joignant surtout ces autres paroles du même auteur que j'ai déjà citées : « Aimer Dieu pour soi ; soi-même pour Dieu ; le prochain comme soi-même, mais pour Dieu, voilà la droiture et rectitude dans l'amour ; voilà l'ordre et la justice. »

Maintenant quelques mots aussi, dans le même sens, sur l'amour du prochain. Comme l'amour de Dieu, il est l'amour d'un autre être que soi, mais il l'est aussi de soi, il l'est de deux termes en rapport, de deux biens à unir, à perfectionner l'un par l'autre.

Pascal a dit : « L'homme n'aime pas à demeurer avec soi, et cependant il aime ; est-ce donc qu'il cherche ailleurs de quoi aimer ? » Assurément, mais il faut d'abord qu'il en ait en soi sujet, motif et raison déterminante. C'est là seulement ce qui le porte à sortir de lui-même. Il n'est pas bon que l'homme soit seul ; « il est quelque chose d'imparfait, il faut qu'il trouve un second pour être heureux, dit encore Pascal ; » mais il n'est pas bon non plus que, dans son union avec son semblable, il ne se compte pour rien, ne s'estime rien, ne mette aucun prix à sa personne. Point de véritable amour du prochain sans respect de soi-même, sans regard sur soi-même, sans attention à sa propre perfection. Eh quoi ! fût-il ques-

tion de ce qu'on aurait en soi de plus cher et de plus sacré,
de son innocence, de son honneur, de son salut, il faudrait,
de peur de retour intéressé sur soi-même et de considération
personnelle, porter dans cet amour une telle abnégation, ou
plutôt une telle indifférence sur sa propre destinée, qu'on la
livrerait sans respect à la merci d'autrui, qu'on la lui don-
nerait même, s'il lui plaisait, à flétrir et à perdre! Ce ne serait
plus là aimer, mais se prostituer; ce ne serait plus dévotion,
mais coupable abandon de soi. On aime son prochain, c'est-
à-dire son père, sa mère, sa femme, ses enfants, ses frères,
ses amis, ses concitoyens, ses semblables en général : est-ce
donc sans qu'on n'attende d'eux rien de bon, rien de salutaire, rien de secourable pour soi, aucune justice, aucune
charité applicables à soi-même? Est-ce qu'en eux on n'aime
ni ses tuteurs, ni ses guides, ni ses compagnons dans la vie?
N'est-ce pas au contraire parce qu'à tous ces titres ils sont
bons, non pas sans doute à ce moi égoïste et charnel, qui ne
demande que le bien-être, mais à cet autre moi, l'intime des
intimes, comme l'appelle Bossuet, qui a souci de tous autres
biens, et aspire par autrui à sa perfection morale? Évidemment ce qu'on aime en eux, ce n'est pas une bonté abstraite
et sans rapport, mais une bonté qui se communique, qui se
répand et se donne, qui est comme une effusion du meilleur
de leur âme dans la nôtre. Les aimer autrement, si toutefois
c'était possible, ce serait les aimer vainement, et d'un amour
chimérique; amour sans amour, s'écrierait Bossuet; déserteur
de nos âmes, s'écrierait-il encore; quiétude d'un autre genre.
qui ne serait pas plus la charité envers l'humanité, que le
prétendu amour pur n'est l'exacte piété envers la Divinité.

La charité en effet consiste à aimer son prochain pour le

15.

bien qu'il a en lui, mais qu'il peut nous communiquer : elle est l'union par le cœur d'une âme avec une autre, au profit moral de toutes deux ; elle est un double amour, et qui porte double fruit.

Il ne faudrait donc pas croire qu'on ne peut aimer son prochain sans se mettre en quelque sorte à ses pieds, sans s'abaisser, et tomber dans une sorte d'abjection. L'abnégation ne doit pas aller jusqu'à la démission, jusqu'à la dégradation de son âme. En aimant son semblable, il faut toujours faire en sorte que ce soit une personne qui en recherche une autre, et non pas un esclave qui se donne à un maître. Point d'amour du prochain, je le répète, sans respect de soi-même, sans soin de sa dignité. Malebranche dit quelque part que « l'amour de Dieu, même le plus pur, est intéressé, en ce sens qu'il est excité par l'empressement que nous avons pour la perfection et la fidélité de notre être. » N'en peut-on pas dire autant de l'amour du prochain ? Bossuet dit aussi : « Quand Dieu est aimé comme bon, il est aimé, en même temps, comme désirable et communicatif de lui-même ; de sorte que la raison de l'aimer est sa bonté, en tant qu'elle se rapporte et se communique à nous. » N'est-ce pas aussi de même que nous devons aimer notre prochain ? Un Dieu non-seulement bon mais bienfaisant pour nous, et un prochain qui lui ressemble, voilà les véritables objets de la piété et de la charité.

Je dois donc le redire, en y insistant de nouveau ; n'aimer dans son prochain qu'un instrument servile, ne l'aimer que comme son cheval ou son chien, que comme une chose et non comme son semblable, triste amour, et qui mérite justement le nom flétrissant d'égoïsme ; mais d'autre part aussi ne porter dans cet amour qu'une âme servile et basse, se donner à autrui sans réserve ni respect, ne plus rien garder de soi, de sa personne, de son âme, se livrer tout entier pour tout usage et à toute fin, ne plus s'appartenir, même pour le juste et l'honnête, autre perversion de l'amour du prochain, autre dégradation de ce sentiment. Le mal est, d'un côté, dans une exaltation du moi sans mesure et sans frein; et, de l'autre, dans son abaissement sans réserve et sans pudeur. Des deux parts faux amour, absence de charité vraie. Car s'il n'y a pas de charité sans modeste humilité, il n'y en a pas non plus sans juste dignité. Qu'est-ce donc au fond que l'amour du prochain? L'amour de soi et de son semblable, de deux biens du même ordre, à unir sous la loi de Dieu pour leur mutuelle perfection.

J'ai assurément, dans ce qui précède, touché aux points les plus délicats de la question de l'amour. Mais il en est cependant plusieurs autres encore, qui pour être moins graves méritent aussi attention. Tels sont en particulier ceux qui regardent la pureté, l'intensité et la durée dans l'amour.

Parlons d'abord de la pureté. Aimer suppose toujours deux termes, soi et autre chose que soi, son bien et le bien d'autrui. Or, pour ce qui est de soi, n'en aimer jamais que le plus pur et le meilleur, et pour le rendre meilleur encore, s'aimer ainsi sans excès, sans orgueil, sans fol enivrement, avec une juste et constante modération, avec une convenable humilité, voilà une première condition de la pureté dans l'amour. N'aimer également hors de soi que ce qui est vraiment bon, n'aimer en Dieu que Dieu même, et dans l'homme que l'homme même; ne les aimer par conséquent que dans leur vérité et leur excellence; ne pas aimer le Créateur de même que la créature, et réciproquement ; ne pas rendre à l'homme ce qui n'est dû qu'à Dieu, et à Dieu ce qui n'est fait que pour l'homme ; adorer où il faut adorer, et aimer simplement où il n'y a qu'à aimer, voilà l'autre élément de la pureté dans l'amour. Mais il faut ajouter que cette qualité n'est dans notre cœur rien d'immuable ni d'absolu, et qu'elle y est au contraire très-variable et très-relative. Ainsi depuis le plus pur jusqu'au moins pur des amours de Dieu, depuis la piété toute chrétienne jusqu'au culte grossier des plus superstitieux des idolâtres, que de degrés, que de nuances ; et quand on rapproche les extrêmes, quels contrastes, quelles oppositions ! ici c'est l'adoration, sans lumière et sans règle, d'un fantôme de Dieu, d'un Dieu de pierre et de bois ; là l'hommage sublime de la foi la plus sainte au Dieu d'esprit et de vérité. Il y a loin de même de la charité tout évangélique, tout angélique envers le prochain, à ces profanes et honteux amours qu'on voit se prodiguer sans choix et se prostituer sans pudeur à ce qu'il y a de moins bon dans la personne d'autrui. C'est la pureté même à l'un de ces termes, à l'autre c'est l'impureté ; et du premier au second, que d'abaissements successifs, que de chutes et de dégradations !

Après la pureté, vient l'intensité dans l'amour, qui peut aussi donner lieu à plus d'une remarque. Prenons pour exemple l'amour de Dieu :

A sa naissance, encore faible et languissant, il n'est qu'une sorte de complaisance sans désir précis, sans délectation marquée ; c'est le jour qui commence à poindre, c'est l'aube, la prime-aube, comme l'appelle saint François, douce et suave lumière, mais encore sans grande chaleur ni bien vifs rayons.

Cependant à la complaisance succède l'amour proprement dit. Par la complaisance, ajoute l'auteur que je viens de citer, Dieu saisit et lie l'âme; mais par l'amour il l'attire, la conduit, l'amène à lui. Par la complaisance, il la fait sortir; par l'amour, il lui fait faire son chemin; de sorte que la complaisance n'est qu'un premier mouvement, un premier avancement, et l'amour (au sens particulier où il est pris ici) est un plus plein écoulement et comme l'effusion de l'âme vers Dieu.

Plus d'un écrivain a essayé de marquer et de décrire les progrès successifs de cette aspiration pieuse à Dieu. Mais sainte Thérèse, peut-être plus qu'aucun autre, s'y est appliquée en consultant sa propre expérience, et en répandant sur toute cette étude un intérêt presque biographique. Sous le nom d'oraison, elle distingue quatre divers degrés de vivacité dans l'amour de Dieu. Qu'est-ce, selon elle, que l'oraison? C'est l'amour en action, c'est l'amour qui prie; toute oraison est une expression pieuse, une sainte manifestation de l'amour. L'oraison *mentale*, celle qui commence, ce premier mouvement d'un cœur qui naît à la religion, est comme une onde pure et vivifiante, mais encore à peine jaillissante, qui n'arrose, ne féconde l'âme que d'une manière imparfaite, et la laisse exposée à bien des sécheresses et des aridités. L'oraison *de quiétude,* qui vient ensuite, n'est pas, malgré son nom, précisément exempte de trouble et de traverses; mais elle tend de plus en plus, dans son paisible cours, à un doux et saint repos. Toutefois, ce n'est que l'oraison *d'unité* qui, plus calme sans être moins vive, est comme un flot montant qui nous porte, qui nous transporte, pour ainsi dire, jusqu'à Dieu. Enfin vient après toutes les autres l'oraison *de ravissement*, qui, comme une pluie du ciel, se répand en quelque sorte sur l'âme, l'inonde, la pénètre et la remplit de Dieu.

Tels sont à peu près les termes par lesquels sainte Thérèse s'attache à marquer les degrés successifs de l'énergie dans l'amour de Dieu ; elle y joint une description des phénomènes moraux et même organiques qui se rapportent à chacun d'eux, dans laquelle je ne la suivrai pas ; je me contenterai de dire, en les résumant, que ce sont des séparations, des solitudes et comme des enlèvements, dans lesquels il semble que non-seulement l'âme, mais le corps, sont comme emportés au ciel. De sorte que si déjà, dans l'oraison *de quiétude* et *d'unité*, il y a une haute aspiration à Dieu, dans celle *de ravissement* il y a transport et sublime entraînement. L'âme est alors si dégagée des choses de la terre « qu'elle ne saurait plus, dit sainte Thérèse, y trouver une seule créature qui lui tînt compagnie ; et quand elle le voudrait, elle ne le pourrait pas, et souhaiterait plutôt de mourir dans cette heureuse solitude. C'est comme un évanouissement, continue-t-elle, intérieur et extérieur tout ensemble, durant lequel le corps n'aspire qu'à demeurer sans se remuer..... L'âme ressemble alors au voyageur qui, étant presque arrivé à son terme, se repose, et cherche dans le repos un redoublement de force. Sa joie de se voir si proche de cette source sainte est si grande, qu'avant même d'y boire elle est rassasiée, et il lui semble qu'elle n'a plus rien à désirer. Sainte Thérèse va même, dans ce sens, jusqu'à dire : « L'âme, dans cet état, doit entièrement s'abandonner à Dieu. S'il veut l'enlever au ciel, qu'elle y aille ; s'il veut la mener en enfer, qu'elle s'y résolve sans s'en mettre en peine, puisqu'elle ne fait que le suivre et qu'il est tout son bonheur (t. I, p. 160). »

Saint François de Sales, de son côté, qui s'est d'abord appliqué à peindre l'amour de Dieu à son premier degré, c'est-à-dire la complaisance, ne manque pas d'en indiquer aussi le dernier. « C'est l'extase ou cette sortie hors de soi, dit-il, durant laquelle les hommes angéliques qui sont ravis en Dieu et aux choses divines perdent tout à fait l'usage de leurs sens (p. 39). » « C'est l'évanouissement de l'âme en Dieu, pendant lequel elle ne meurt pas, mais elle vit sans vivre en elle-même et comme écoulée en Dieu, de sorte que c'est plutôt Dieu qui vit en elle qu'elle ne vit en elle-même (p. 248). » « C'est le ravissement qui fait qu'atteinte de l'amour céleste, elle s'élance et se porte en Dieu, et quitte toutes les inclinations terrestres. D'où naît l'indifférence, qui consiste à n'aimer rien, si ce n'est de l'amour de Dieu, et qui va jusque-là que si, par imagination de choses impossibles, l'on savait que sa damnation fût plus agréable à Dieu que son salut, on quitterait son salut, et on consentirait à sa damnation (p. 344). » On voit que le pieux docteur, de même que sainte Thérèse, va un peu loin dans le désir de donner une idée plus relevée de l'amour de Dieu à son plus haut degré. Il ajoute « qu'il ne faut pas prétendre à un amour aussi extrêmement parfait dans cette vie ; car nous n'avons pas, pour nous y élever et surtout nous y tenir, le cœur, l'esprit et l'âme des bienheureux (p. 379). »

On ne sera pas étonné que Fénelon tienne, sur ce degré suprême de l'amour de Dieu, un langage analogue à celui que nous venons d'entendre, et qu'il dise : « L'âme paisible et également souple (en cet état) à toutes les impulsions les plus délicates de la grâce, est comme un globe sur un plan, qui n'a plus de situation propre et naturelle, et va également en tous sens..... elle n'a plus alors qu'un seul amour; elle ne sait plus qu'aimer; l'amour est sa vie et comme sa substance..... elle ne se donne plus aucun mouvement empressé, elle ne fait plus de contre-temps sous la main de Dieu qui la pousse; elle ne suit qu'un seul mouvement, celui qui lui est imprimé. »

Mais Bossuet lui-même, dans son exactitude, et sans donner dans ces sublimes irrégularités, comme il les appelle, qui, selon lui, introduisent l'indépendance à être heureux ou malheureux, et amènent une entière indifférence des jugements de Dieu, qui ne peut plus faire ni bien ni mal à ceux que ni le bonheur ni le malheur, ni l'être ni le non-être n'intéressent en aucune sorte, Bossuet parle aussi de l'amour de Dieu porté à ce point d'exaltation, et il dit : « Il est la perfection de la vie, parce qu'il fait la pleine union de l'âme avec le souverain bien; il emporte avec lui un dépouillement, une solitude si effrayante, que tous les sens en sont accablés, toute multiplicité foudroyée..... » « Venez, ô centre du cœur, s'écrie-t-il, ô source d'unité, ô unité même! mais venez avec votre simplicité, plus souveraine et plus détruisante que tous les foudres et tous les tonnerres dont votre puissance s'arme; venez et ravagez tout, en rappelant tout à vous, en anéantissant tout en vous, afin que vous seul soyez vivant, viviez et régnez dans nos cœurs unis..... » Il va même, dans son entraînement, jusqu'à recourir à des tours d'expression affectés et bizarres, qui ne sont guère dans ses habitudes, et qui évidemment n'appartiennent pas à sa large et grande manière.

Après avoir ainsi essayé d'indiquer, surtout d'après les auteurs, les divers degrés d'intensité de l'amour de Dieu, je serai très-court, je ne dirai qu'un mot sur l'amour du prochain, considéré sous le même rapport; la plupart des remarques faites sur l'un s'appliquent également à l'autre.

Ainsi l'amour du prochain, à son origine, est aussi une simple complaisance, une simple disposition à la bienveillance envers autrui; ce n'est pas encore, à proprement parler, l'amour, la charité, la vive et ardente bonté; puis, à divers degrés successifs, vient cette tendresse, cette chaleur, cet empressement d'affection qui fait que le cœur ne se laisse pas seulement aller, mais se donne, se livre, s'engage, ravi et transporté, parfois jusqu'à l'adoration, jusqu'à l'extase. C'est ce qui arrive particulièrement quand, dans la personne aimée, le bien s'élève au beau, et se revêt d'une grâce, d'une noblesse ou d'une sublimité qui lui donnent quelque chose de divin.

Même observation à peu près sur l'amour de la nature, avec cette différence, toutefois, qu'il n'est jamais aussi vif, toutes choses égales d'ailleurs, que l'amour de l'humanité.

Du reste, en tout amour, les divers degrés d'intensité dépendent sans doute avant tout de l'objet qui est aimé; mais ils ont aussi leur raison dans les dispositions du sujet qui aime. En effet, d'une part, on n'est pas touché d'un bien médiocre et vulgaire comme d'un bien excellent, et on aime nécessairement avec moins de vivacité le premier que le second. Saint François de Sales a encore à cet égard une pensée que, comme il lui arrive souvent, il exprime par de pures et agréables images. Il veut expliquer comment l'amour tient

16.

toujours plus ou moins de la chose qui est aimée, et il le compare à ces cerfs qui, longtemps pourchassés et malmenés, s'abouchent à une claire et fraîche fontaine, et tirent à eux la fraîcheur de ces belles eaux; lui aussi il tire à lui la pureté des perfections du bien auquel il s'attache, et fait de ces doux larcins d'amour qui lui permettent de dire, quand c'est à Dieu qu'il s'adresse : « Il est tout mien et je suis tout sien; de lui à moi passe et se communique la bonté dont il est plein. »

Mais d'un autre côté, en même temps que l'objet, le sujet entre aussi, pour sa part, dans les degrés de l'amour. Pascal a dit : « Au lieu de recevoir les idées des choses, nous les teignons de nos qualités. » Il en est ainsi de nos affections; nous les teignons aussi de nos qualités. Le même auteur a dit encore : « Nous naissons avec un caractère d'amour dans nos cœurs, qui se développe à mesure que notre esprit se perfectionne. » C'est ce caractère que nous portons dans les impressions du dehors, et qui les modifie parfois si profondément et si diversement; de sorte que fréquemment nous aimons moins en raison de la nature des choses qu'au gré de notre humeur, de notre imagination, de nos habitudes, de tous les motifs qui nous sont intimes et personnels. Nous sommes toujours pour plus ou moins dans notre manière d'aimer. Dans tout ce qui se fait en nous, il y a toujours plus ou moins du nôtre; l'amour n'échappe pas à cette loi.

L'amour peut être considéré sous le rapport de l'intensité et de la pureté, il peut l'être aussi sous celui de la durée. Et voici, sous ce nouveau point de vue, ce qui peut, je crois, très-plausiblement se soutenir : 1° Nous aimons toujours; 2° mais nous n'aimons pas toujours les mêmes objets; 3° et ceux que nous aimons, ce n'est pas toujours du même amour que nous les aimons.

Ainsi d'abord nous aimons toujours : aimer, en effet, est de toute la vie, c'est la vie même. « On ne vit qu'en aimant, dit Bossuet; tout est amour en nous. » « L'âme n'est qu'amour, dit à son tour Fénelon, elle ne fait qu'aimer : l'amour est sa vie; il est comme son être et sa substance. » « L'amour n'a point d'âge, dit également Pascal, il est toujours naissant. » — « L'homme est né pour penser, dit-il encore, et il n'est pas un instant sans le faire. Il est également né pour aimer, et il n'y manque pas un moment. » On peut même ajouter, avec lui, que c'est parce qu'il est né pour penser, qu'il l'est aussi pour aimer; car, comme la pensée pure le fatigue et l'abat, il lui faut un certain remuement, une certaine action propre à le soutenir et à le relever, qu'il ne trouve que dans l'amour. — L'homme aime donc toujours, et il en a deux raisons : lui d'abord, et ensuite quelque chose qui n'est pas lui, un bien qui est en lui, qui est sien, et un autre qui ne l'est pas; l'un le poussant et l'autre l'attirant, et tous deux se combinant pour ne jamais laisser dans une véritable inaction sa vive faculté d'aimer. Il aime donc constamment, parce qu'il a constamment en lui un motif d'aimer, et hors de lui un objet ou une cause d'amour.

Mais (et c'est là ma seconde proposition) il n'aime pas constamment les mêmes choses, ou du moins, dans les choses aimées, les mêmes qualités, les mêmes attributs, le même personnage en quelque sorte. Dans Dieu, par exemple, ce sera tantôt l'auteur des biens physiques, la force génératrice des fruits et des moissons, la providence de la nature; ce sera, comme on pourrait le dire dans le langage de Pascal, le roi de la concupiscence; tantôt ce sera le père des dons et des biens spirituels, la providence des âmes, le roi de la charité, comme l'appelle le même auteur. Ne peut-on pas dire aussi, au moins jusqu'à un certain point, que ce sera le Dieu de son enfance et celui de sa maturité, le Dieu de son temps de foi naïve, de sentiment et d'imagination, et celui de son âge de ferme et virile conviction; le Dieu de ses bons et de ses mauvais jours; le Dieu de toutes les phases et de toutes les vicissitudes de sa destinée; et que, pour toutes ces manières d'entendre et de concevoir Dieu, il a autant d'amours différents, autant de nuances de piété.

Il en est de même de nos semblables. A quelque titre que nous les aimions, parents ou amis, n'importe, ce ne sont pas toujours le même caractère, le même rôle, la même conduite que nous aimons en eux. N'avons-nous pas aussi le père de notre enfance et celui de notre âge mur, la mère de nos jeunes années et celle de nos jours plus sérieux ? Enfants, ne les aimons-nous pas d'un autre cœur, d'une autre espèce d'affection, qu'adultes et hommes faits; enfants, ce qui nous plaît, ce que nous chérissons surtout en eux, ce sont ces tendres soins, cette sollicitude attentive, ces caresses empressées qui s'adressent à notre faiblesse pour la soutenir, l'éclairer, la guider, et aussi l'égayer et la charmer; hommes faits, ce sont les graves conseils, les bons exemples, l'intérêt sérieux qu'ils nous portent, le profond attachement qu'ils nous gardent, tout ce passé de bienfaits recueilli religieusement dans notre âme, et qui y marque, plus particulièrement, de respect et de gratitude notre long et constant amour. Il en est de même encore de nos amis; eux également, sans jamais cesser de les aimer, nous ne les aimons cependant pas toujours de la même façon ; et l'attachement que nous avons pour eux, tout en se soutenant fidèlement, se varie et se diversifie, selon la diversité même de nos rapports avec eux ; c'est l'expérience de la vie. Et, en général, autant nous trouvons dans les personnes qui nous sont chères de différentes manières de nous toucher par leur bonté, autant nous avons à leur égard de différentes manières de les aimer.

J'ai à peine besoin d'ajouter que notre amour de la nature n'est pas plus exempt que celui de nos semblables et celui de Dieu de ces modifications successives. Ce que nous aimons en elle, en effet, c'est tantôt la belle, la riante, l'enivrante nature, l'enchanteresse qui nous ravit par ses poétiques merveilles ; tantôt c'est l'industrieuse, c'est la féconde nature, c'est notre mère nourricière, notre servante, l'utile auxiliaire des travaux de nos mains. Nous l'aimons aussi à tous ses âges, si on me permet de le dire, et comme il convient à chacun. Nous l'aimons avec complaisance, dans la fraîcheur naissante et les riantes promesses de son vif printemps ; nous l'aimons avec plus d'ardeur et un empressement plus marqué dans le luxuriant éclat de son brillant été, ou dans l'abondante richesse de son fécond automne ; nous l'aimons même sous les traits, non sans charme, quoique sévères, de sa moins douce saison.

Ainsi va notre amour, ainsi il change et se modifie sans jamais s'épuiser. Et ce n'est point au hasard qu'il se modifie de la sorte. Une loi constante préside à toute cette mobilité. En effet, on peut généralement observer qu'aimant une même qualité dans un même objet, l'âme n'en est pas d'abord éprise comme plus tard elle pourra l'être, mais qu'elle en est simplement touchée, puis un peu plus émue, et avec le temps de plus en plus affectée; jusqu'au moment où sa passion, portée au plus haut degré, commence à se tempérer, se calme, se refroidit, finit même par languir, et quelquefois par s'éteindre; à moins cependant qu'excitée de nouveau, et comme ravivée, elle ne se réveille, ne reprenne ardeur, ne *recommence*, comme on dit (car, selon l'expression de Mme de Sévigné, l'amour est un *grand recommenceur*), et que, parmi toutes ses variations, elle n'ait le secret et la vertu de demeurer au fond un long et durable amour, un éternel attachement. Le cœur humain est plein de ces retours, qui témoignent hautement de son inépuisable faculté et de sa vive puissance d'aimer. Pascal a dit de l'amour et de l'ambition : « L'âge n'en détermine point le commencement ni la fin; elles naissent dans les premières années, et elles subsistent bien souvent jusqu'au tombeau. Néanmoins, comme elles demandent beaucoup de feu, les jeunes gens y sont plus propres, et il semble qu'elles se ralentissent avec les années; cela est pourtant fort rare. » On peut en dire autant de toutes nos grandes passions; malgré leurs vicissitudes, elles durent, elles vivent et revivent; elles se perpétuent, et remplissent la meilleure partie de nos jours. Et cela s'explique par la double considération du sujet et de l'objet, de la personne qui aime et de l'être aimé; de ce que l'une a de vertu pour varier son amour, et l'autre de pouvoir pour varier ses attraits.

Mais j'ai hâte d'arriver à un point qui a aussi son importance et demande quelques éclaircissements.

Il s'agit du rapport sur lequel se fonde l'amour, et d'après lequel se recherchent et s'unissent les personnes qui s'aiment. Est-ce un rapport de ressemblance, ou de différence et même de contraste? Est-ce une convenance de qualités analogues ou opposées?

A cette question la réponse est sans doute déjà dans les développements qui précèdent; mais elle n'y est qu'implicitement, et il est bon de l'en dégager. Et d'abord ce qui paraît vrai, c'est que, comme dans l'amour c'est le bien qui se porte au bien, et que rien ne se ressemble plus, ne convient mieux en nature que le bien et le bien, le lien qui unit ici les deux termes en rapport en est un de similitude et non de diversité. « La similitude, observe un auteur, étant la vraie marque de l'unité, quand deux choses semblables s'unissent par correspondance à même fin, il semble que ce soit plutôt *unité* qu'union (1). » La plus étroite union tiendrait donc à la ressemblance, et le proverbe qui dit : Qui se ressemble s'assemble, s'appliquerait particulièrement en matière d'amour. Cependant d'autre part, peut-on dire que ce soit le semblable qui aime son semblable, quand, entre les personnes qui s'aiment, ne se voient que des différences et même des oppositions, telles que celles de l'âge, du tempérament, du sexe, de l'humeur, du caractère, de la condition et de la profession? « Les vieillards aiment les enfants, dit saint François de Sales, non point par sympathie, mais d'autant que l'extrême simplicité, faiblesse et tendresse des seconds rehaussent et font mieux paraître la prudence et l'assurance des premiers; et cette dissemblance est agréable. Au contraire, les petits enfants aiment les vieillards, parce qu'ils les voient amusés et embesoignés d'eux, et que, par un sen-

---

(1) Saint François de Sales.

timent secret, ils reconnaissent qu'ils ont besoin de leur conduite. » Ainsi, conclut-il, « l'amour ne se fonde pas toujours sur la ressemblance; mais aussi sur la correspondance de la nécessité de l'un avec la suffisance de l'autre. » Cela est vrai, selon lui, de l'homme à l'homme, et ne l'est pas moins de l'homme à Dieu. « L'un a grand besoin et grande capacité de recevoir le bien, poursuit-il, et l'autre grande abondance et grande inclination pour le donner. Rien n'est si à propos pour l'indigence qu'une libérale affluence; rien de si agréable à une libérale affluence qu'une nécessité indigente; et plus le bien a d'affluence, plus l'inclination de se répandre et de se communiquer est forte; plus l'indigent est nécessiteux, plus il est avide de recevoir, comme un vide de se remplir. C'est un (*sic*) doux et désirable rencontre que celui de l'influence et de l'indigence, et ne saurait-on presque dire qui a le plus de contentement, ou le bien abondant à se répandre et communiquer, ou le bien défaillant et indigent à recevoir et tirer, si Notre-Seigneur n'avait dit que c'est chose plus heureuse de donner que de recevoir. » (Saint François de Sales, p. 51).

« Ainsi notre défaillance a besoin de l'abondance divine, par disette et nécessité; et l'affluence divine a besoin de notre indigence par perfection et bonté, bonté qui néanmoins ne devient pas meilleure en se communiquant, car elle n'acquiert rien en se répandant hors de soi; au contraire, elle donne (ibid., p. 52). Dieu ne peut recevoir, il est vrai, aucune perfection de l'homme; mais parce que l'homme ne peut être perfectionné que par la divine bonté, aussi la divine bonté ne peut bien exercer sa perfection hors de soi qu'à l'endroit de notre humanité. » (Ibid., p. 51.)

Voilà l'exception opposée à la proposition générale que j'ai d'abord énoncée. Ne peut-on pas les concilier, et montrer que, quelles que soient les différences apparentes, c'est toujours au fond un rapport de ressemblance qui unit entre elles les âmes liées d'amour? En effet, c'est tantôt le bien abondant, pour reprendre les expressions de saint François, qui aime le bien indigent; et dans ce cas n'est-ce pas comme bien qu'il l'aime? pour ce qu'il y trouve de bon, de semblable à sa propre essence, et non pour ce qu'il y peut sentir de mal, de défaut, de contraire à sa nature? Est-ce pour le laisser indigent, et maintenir en conséquence la différence qui les sépare, ou pour le faire passer de l'état d'indigence à celui d'abondance, et l'amener ainsi à une plus grande ressemblance avec son propre caractère? Mais c'est tantôt aussi le bien indigent et défaillant qui aime le bien abondant. Pourquoi? Est-ce pour ce qu'ils ont d'opposé et pour plus d'opposition encore? Nullement; mais c'est pour ce qu'ils ont d'analogue et pour plus d'analogie. A demi bien, au début, le bien indigent aspire à devenir moins incomplet, moins défaillant, plus voisin de l'abondance en s'unissant au bien abondant, en se développant avec son aide et à son image. C'est une demi-ressemblance qui travaille à se faire une plus pleine, et, s'il se peut, une entière ressemblance. Le rapport est donc encore ici du semblable au semblable. Le bien manquant qui aime le bien abondant, et le bien abondant qui aime le bien manquant, sont en quelque sorte entre eux, d'une part comme une copie ébauchée ou à demi effacée qui aurait la vertu, en se rapprochant de son modèle, d'acquérir ou de réparer ce qui lui manquerait de conformité et de similitude avec lui; de l'autre comme un modèle qui se tournerait vers sa copie imparfaite et défectueuse, pour lui prêter ou lui rendre la part de ressemblance dont elle serait privée. Des deux côtés le mobile et le but du rapprochement est la convenance par ressemblance.

Prenons quelques exemples. Le malade aime le médecin; est-ce par une convenance de ressemblance? C'est le contraire au premier abord. Mais à y regarder de plus près on reconnaît ici un bien indigent et souffrant, la santé altérée, qui en recherche un autre, l'art de la santé rétablie, précisément pour ce qu'il y trouve d'affinité, de similitude, de sympathie secourable avec lui.

Il en est de même du disciple à l'égard du maître, de l'ignorant à l'égard du savant. Chez l'un c'est la science en germe et en puissance, la science indigente, si l'on me passe cette expression, qui s'adresse dans l'autre à la science en acte, en affluence et en abondance, avec le désir et l'espérance de se faire semblable à elle, c'est-à-dire, science autant qu'elle. De même encore l'enfant par rapport au vieillard. Il y a toujours là un bien qui en aime un autre, son contraire en apparence, son semblable en réalité; puisque en réalité c'est la sagesse, la prévoyance, la modération, la tempérance, toutes ces bonnes choses, mais à l'état de simples dispositions, et de vertus à peine naissantes et encore bien infirmes, dans une âme sans expérience, qui demandent à se développer, à croître et à s'affermir, à l'exemple et avec l'appui paternel et tutélaire de ces mêmes vertus, éprouvées et consommées dans une âme mûrie par l'âge.

Ainsi, pour le dire en passant, se forment ces rares et exquises enfances qui, sans rien perdre de leur charme propre, de leur naïveté, de leur douceur, de leur pureté première, empruntent à la vieillesse les plus délicates de ses perfections morales, en y répandant une grâce particulière de fraîcheur et d'innocence.

Ainsi, si j'ose le dire, nous apparaît la divine enfance du Christ, souriante et sérieuse, illuminée et sereine, suave de sagesse, de simplicité et d'amour, et s'épanouissant avec une indicible candeur dans la contemplation supérieure des plus hautes vérités de l'ordre moral et religieux.

La même explication peut s'étendre aux rapports du juste et du pécheur, du consolateur et de l'affligé. Ce que le juste aime du pécheur qu'il veut racheter, c'est la justice abaissée et dégradée dans cette âme, à relever, à rétablir et à réparer par ses soins ; ce que le pécheur de son côté aime dans le juste lui-même, c'est la justice observée, restée intacte et pure, à honorer et à imiter. Le consolateur voit dans l'affligé un cœur à faire fort et calme comme le sien ; et l'affligé dans le consolateur, un cœur bienveillant et ferme à prendre en même temps pour modèle et pour appui ; dans toutes ces relations, aimer n'est donc jamais qu'une union par l'affection du semblable avec le semblable, pour leur plus grande ressemblance.

Mais même de l'homme à Dieu l'amour a cette tendance. Qu'est-ce qu'aimer Dieu, en effet, si ce n'est aspirer à vivre le plus possible en conformité avec lui ?

C'est dans le profond sentiment de ce rapport de notre âme avec Dieu qu'une pénitente célèbre, dans ses *réflexions sur la miséricorde divine*, s'écrie : « O Dieu, enrichissez la pauvreté de mon amour par les magnificences du vôtre ! » Et c'est aussi dans ce sentiment que saint François, par allusion aux brebis de Jacob, qui attiraient dans leurs entrailles

la variété des couleurs qu'elles voyaient, dit dans son langage : « L'âme éprise de l'amoureuse complaisance qu'elle
prend à considérer Dieu, en attire au cœur les couleurs,
c'est-à-dire la multitude des merveilles et des perfections
qu'elle contemple; » et qu'il ajoute : « C'est là ce larcin d'a-
mour qui, sans décolorer le bien-aimé, se colore de ses couleurs, se revêt de sa robe sans le dépouiller, et sans l'appauvrir s'enrichit de ses biens. » En tout l'assimilation, telle
qu'elle vient d'être expliquée, paraît être la loi, le rapport
constant sur lequel se règle l'amour.

Mais j'ajouterai quelques mots aux observations qui précèdent, pour achever de les éclaircir.

Nous aimons, parce que nous sommes bons et pour devenir meilleurs. Or, ne devenons-nous meilleurs que quand,
pauvres et défaillants, nous nous adressons dans notre indigence à un bien abondant et affluent? ne le devenons-nous
pas aussi quand, riches nous-mêmes (toujours au sens particulier où il faut l'entendre dans toute cette discussion), nous
donnons au lieu de recevoir, et tirons de nous-mêmes, pour
le communiquer à autrui, ce que nous avons en nous de
meilleur et de plus parfait? Examinons la question.

Chacun de nous, quand il aime, est un bien qui en aime
un autre. Or, ce bien que nous sommes, qu'il soit à l'état
d'indigence ou à celui d'abondance, est dans l'un et l'autre
cas également propre à gagner en perfection. Je ne le prou-
verai pas du premier, parce que c'est trop évident ; mais je
donnerai quelques explications nécessaires sur le second.

Abondant, le bien ne perd rien à se communiquer, il s'ac-
croît au contraire; de bien qu'il était simplement en soi, il le
devient pour autrui; il a deux vertus au lieu d'une : il n'était

d'abord que bon, il est maintenant bienfaisant ; ce n'est pas
là décroître, c'est au contraire augmenter. Il n'en est pas,
sous ce rapport, de la bonté, chose toute morale, comme
d'une valeur matérielle dont on ne peut rien donner sans
par là même l'amoindrir. La bonté ne fait que grandir à se
communiquer, elle ne fait que plus abonder, comme ces
sources qui n'ont toute leur pureté, toute leur fécondité,
toute la vertu de leurs eaux, que quand elles ont trouvé où
se répandre et couler. Encore une fois, dans ce cas, donner
n'est pas retrancher du sien, se diminuer et s'appauvrir ; c'est
bien plutôt s'enrichir. De deux âmes unies par un mutuel
amour, la plus parfaite relativement, la plus pleine de bien,
n'est pas celle qui reçoit, mais celle qui tire d'elle-même et
qui donne. Cela est vrai même de Dieu, pourvu qu'on ne l'en-
tende qu'avec la réserve qu'apporte saint François dans ses
paroles, lorsqu'il dit : « Si notre défaillance a besoin de l'a-
bondance divine par disette et nécessité, l'affluence divine a
besoin de notre indigence par bonté et perfection, sans que
pour cela cette bonté et cette perfection deviennent meilleures, puisqu'elles sont absolues. »

Qu'on me permette d'insister encore un peu sur ce point.
Je voudrais, s'il était possible, par une précision nouvelle,
bien marquer la différence qu'il y a entre donner et donner,
selon que le sujet du don est matériel ou moral. Donner
matériellement, c'est se priver d'une chose en faveur d'autrui, c'est retrancher du sien, c'est déplacer la richesse, et
la faire plus petite ici et plus grande là. Il n'y a addition
d'un côté que par soustraction de l'autre. Ainsi le veut la nature des choses. On ne peut donc pas, à ces conditions, ne
pas perdre en donnant, ne pas diminuer, par exemple, le

morceau de pain qu'on partage, et ne pas se priver du vête-
ment dont on se dépouille; mais il n'en est pas de même de
ce qu'on peut appeler le don moral.

Qu'est-ce en effet qu'un tel don? une âme a plus d'intelligence, d'amour et de liberté, elle a plus de sagesse et de
bonté, elle a plus de vertus et plus de talents qu'une autre.
Dans le sentiment qu'elle en a, et le désir qu'elle éprouve
de les communiquer, elle s'adresse à qui elle aime, à qui sous
ce rapport a besoin; et par attrait, par charme, par douces
et pressantes impressions, elle le sollicite, elle l'invite, l'en-
traîne à se faire semblable à elle, à se développer comme
elle, à s'exercer, à son exemple, au juste, au beau et au vrai;
à se mettre, en un mot, en partage de tous ces trésors de l'esprit, dont elle est elle-même en possession. Voilà son don :
est-ce pour elle une privation? Nullement; c'est au contraire
une augmentation, un progrès en perfection, une manière
de mieux valoir par abondance de bonté.

J'ai dit, au sujet de la beauté, dans mon *Mémoire* sur Diderot : « Le propre de la beauté est de l'être en soi et hors de
soi, pour soi et pour autre chose que soi; c'est d'être belle
et d'embellir. Quand elle n'embellit pas, c'est qu'elle n'est
pas assez belle, c'est qu'elle n'est pas tout à fait belle. « On
pourrait en dire autant de la bonté, qui est aussi d'autant
mieux dans son essence et selon sa loi qu'elle se répand et se
donne davantage. Donner est alors si loin de se priver, que
c'est, comme je l'ai déjà dit, s'accroître, s'augmenter. Recevoir, en effet, est dans son insuffisance devenir meilleur ou
moins imparfait par l'assistance d'autrui; tandis que donner est devenir meilleur en suffisant tout ensemble à soi-même
et à autrui. Il y a profit des deux parts, mais avec supériorité

évidente de celui qui donne sur celui qui reçoit : donner est être bon pour son prochain, après l'avoir été pour soi; recevoir est être bon par son prochain, faute de ne l'être pas assez par soi-même. L'amour trouve donc son compte à donner aussi bien qu'à recevoir, avec cette différence qu'il a quelque chose de plus complet, qu'il témoigne de plus d'abondance de bien dans un cas que dans l'autre.

Le plus parfait des amours est celui qui n'aspire qu'à donner. C'est là proprement la charité, laquelle est avant tout un saint don de son âme. Heureux par conséquent ceux qui reçoivent, plus heureux ceux qui donnent, car ils sont animés d'un plus parfait amour!

Il me reste un dernier point à toucher de la question générale que je traite; mais il demande peu de développement, aussi je serai très-court. Ce sont des indications plutôt que des explications que je donnerai rapidement. Saint François de Sales a dit :

« L'amour est la première complaisance que nous avons au bien; il précède le désir et la délectation; car comment désirer une chose qu'on n'aime pas, comment de même en jouir? Il précéde également la haine, car nous ne haïssons le mal que par l'amour que nous avons pour le bien, et ainsi de toutes les autres passions et affections, qui proviennent toutes de l'amour comme de leur source commune. »

Bossuet, de son côté, a dit aussi : « Otez l'amour, et il n'y a plus de passions; posez l'amour, et vous les faites toutes naître. » Dans cette double pensée est en germe la raison de la génération des passions, que je vais présenter ici en abrégé.

En effet, si on veut savoir, d'une manière générale, comment naissent, s'enchaînent et se succèdent les passions, on n'a qu'à remarquer comment, présent à toutes, l'amour, en se modifiant, 1° selon les états dans lesquels il se trouve, 2° selon les causes qui déterminent ces états, engendre, en vue des uns, toutes les joies et toutes les tristesses dont notre âme est émue, et par rapport aux autres, toutes les inclinations et toutes les aversions auxquelles elle est livrée; comment, par suite, il produit toutes nos espérances et toutes nos craintes, toutes nos réjouissances et tous nos regrets, toutes nos affections, de tout ordre, de tout caractère et de tout degré. Il suffit, pour le comprendre, de bien se rendre compte de la double situation dans laquelle l'amour se trouve et des causes diverses qui viennent l'y placer. Favorisé ou contrarié dans son mouvement vers le bien, il jouit de l'une de ces positions et il souffre de l'autre; mis en présence des causes qui lui font l'une ou l'autre, il incline aux premières et répugne aux secondes, et cela en raison de leur nature, de leur action, de leur degré de durée et d'intensité, etc. Tout dépend donc, comme on le voit, de l'amour et des circonstances au milieu desquelles il se développe, de ses états et de ses objets, et on peut bien dire, à ce point de vue, en reprenant les termes de Bossuet : « Otez l'amour, et il n'y a plus de passions; posez l'amour, et vous les faites toutes naître. » L'amour est, en effet, de tout dans la génération des passions.

Si maintenant, sans avoir tout dit, loin de là, de l'amour, j'en ai néanmoins suffisamment déterminé le sujet, le motif, l'essence et les modes divers, il semble que de la question : Qu'est-ce qu'aimer? que j'ai dû d'abord me poser, je puis, sans plus de retard, passer à celle-ci, qui en est la suite et le complément : Qu'aimons-nous? La solution de l'une est la préparation de la solution de l'autre.

Qu'aimons-nous? le bien ; rien de plus simple à répondre. Mais qu'est-ce que le bien? En quoi consiste-t-il? Quels en sont les éléments, les caractères et les conditions? Voilà qui l'est un peu moins.

Qu'est-ce que le bien? et afin de le rechercher par ordre et de le reconnaître successivement dans les différents êtres qu'il qualifie, et en commençant par celui d'entre eux qui nous est le premier et le mieux connu, Qu'est-ce que le bien dans l'homme? Nous verrons ensuite ce qu'il est dans Dieu et dans la nature.

Le bien dans l'homme, on peut le dire, est, avant tout, l'être même : car, par cela même qu'il *est*, l'homme est déjà une bonne chose ; et c'est certainement en lui une perfection, ou du moins la condition de toute perfection, que d'avoir été créé, c'est-à-dire que d'avoir reçu de son auteur le temps pour durer, l'espace pour se mouvoir, la substance pour être en soi, la cause pour agir par soi, une existence ordonnée en vue d'une fin déterminée.

Mais comme, en outre, il possède des facultés qui lui sont propres : l'intelligence pour connaître, la sensibilité pour aimer, la liberté pour vouloir, riche de ces nouveaux attributs, c'est pour lui du bien dans le bien, un accroissement de bien, une manière d'être élevé dans l'échelle des êtres. Ce n'est pas tout : quand, au lieu de rester, avec tous ces modes d'action, solitaire et sans rapports, il entre en société avec Dieu, l'homme et la nature, il n'en est que plus complet et plus parfait dans son genre ; on en peut juger par ce qui lui manquerait si, par hypothèse, il était une âme sans d'au-

18.

tres âmes, une force sans d'autres forces, un esprit sans
Dieu, sans l'humanité et le monde.

Cependant tout ce bien est en quelque sorte en lui sans
lui. Car ce n'est pas lui qui s'est fait, au sein du temps et de
l'espace, comme substance et comme cause, capable de penser, d'aimer et de vouloir, et de se rattacher par tous ces
attributs à l'ordre social, matériel et religieux. C'est d'un
autre, c'est de Dieu lui-même que lui viennent toutes ces
conditions de perfection. Mais, avec ce qu'il y a de bien en
lui, sans lui, il y a aussi ce qu'il en acquiert, au moins en
partie, par lui-même, et qu'il ne doit, après Dieu, qu'à sa
propre volonté. Grâce, en effet, à la Providence, qui la pré-
vient et la soutient, l'excite et l'encourage, et, de toute façon, la règle, la forme et la fortifie, sans jamais la contrain-
dre, sa volonté, ce qu'il y a de plus humain en lui, de plus
semblable à Dieu, se joignant, pour les gouverner, à toutes
ses dispositions naturelles, les élève de l'état de dons à celui
de mérites, et par la moralité qu'elle leur imprime les érige
en vertus. C'est ainsi que, s'emparant de l'intelligence et la
conduisant, elle l'amène, par d'habiles et heureux ménage-
ments, à ce degré de raison où elle a de la gravité pour
mieux voir, de la sérénité pour mieux juger, cette calme
et suave perception de ce qu'il y a de meilleur dans le vrai,
qui s'appelle la sagesse. C'est ainsi pareillement que, gagnant
l'amour lui-même et le dirigeant convenablement, elle en
fait quelque chose de mieux qu'un simple mouvement du
cœur, qu'un instinct de la passion; qu'elle le convertit en
ce zèle éclairé et réglé, en cette ardeur tempérée, en cette
vive et pure inclination et ce goût exquis pour le juste et
l'honnête, qui n'est autre que la bonté; et de la sagesse et

de la bonté que ne tire-t-elle pas, que n'obtient-elle pas, selon les circonstances et les occasions? tempérance, pru-dence, charité, piété, et, sans tout vouloir compter, les plus excellentes habitudes du cœur et de l'esprit, tels sont ses salutaires et bienfaisants effets. Grand bien, par conséquent, que la bonne volonté! le plus grand des biens de l'homme, puisqu'elle est toujours quelqu'un des autres, augmenté de tout le prix qui s'attache au mérite.

Qu'est-ce donc, en résumé, que le bien qui se voit dans l'homme? C'est ce qu'il est par sa constitution, et ce qu'il de-vient par sa volonté en conformité avec sa loi ; c'est son es-sence développée et sa destinée accomplie ; c'est son âme mora-lement et librement perfectionnée; d'un mot, c'est l'âme même.

Mais le bien dans la nature sera-t-il sans analogie avec le bien dans l'humanité, et, aux différences près qui les distinguent l'une de l'autre, n'aura-t-il pas dans la première au moins quelques-uns des traits qui le caractérisent dans la seconde? N'y sera-t-il pas aussi quelque chose comme l'âme, la vive force, la puissance de vie dans son essence et sa des-tinée régulièrement développée? Rien de plus vraisemblable à penser.

Ainsi d'abord, pour la nature, n'est-ce pas aussi une bonne chose que d'être au lieu de n'être pas, que de par-ticiper à sa manière du temps et de l'espace, de la substance et de la cause, que d'avoir en un mot sa place dans la créa-tion, et de l'y avoir avec un but marqué et une action ré-glée? N'est-ce pas ensuite en elle un autre et plus grand bien que d'avoir avec l'être ses propriétés et ses vertus, ses qualités distinctives, ses facultés même, ou du moins ses puissances actives, telles qu'elles se voient dans les miné-

raux, les végétaux et les animaux? Et ce qui fait en tout son
bien, n'est-ce pas que dans la hiérarchie de ses règnes divers, depuis le plus humble grain de sable jusqu'au plus
brillant des métaux ; depuis le plus chétif des brins d'herbe
jusqu'au lis en sa magnificence ; depuis le dernier des in-
sectes jusqu'à l'espèce la plus voisine de l'homme, elle présente en grand nombre des essences développées et des
destinées accomplies? Et si, sans être excellente et valoir
autant que l'homme, elle a cependant son prix, ne peut-on
pas dire avec Pascal : « La nature a des perfections, pour
montrer qu'elle est une image de Dieu ; » en ajoutant, du
reste, avec lui, « qu'elle a aussi des défauts, pour montrer
qu'elle n'en est qu'une image? »

Le bien dans l'homme, c'est l'âme fidèle à son essence et
à sa loi ; le bien dans la nature, c'est encore un peu l'âme ou
du moins l'analogue de l'âme, la vive force, la vie également
fidèle aux principes de son être.

Or, s'il en est ainsi du bien dans toute la création, que
doit-il en être à son tour dans le créateur lui-même? Saint
Augustin a dit : « O mon Dieu! vous n'avez rien fait que de
bon..... car encore que vous n'ayez pas créé les choses dans
un égal degré de bonté, elles sont néanmoins toutes bonnes,
chacune en particulier et toutes ensemble, puisqu'il est dit
de vos ouvrages qu'après les avoir considérés, vous les avez
trouvés très-bons. » Et encore : « Toutes ces choses sont des
dons reçus de mon Dieu ; ce n'est point moi qui me les suis
données moi-même ; par conséquent, celui qui les a créées
est souverainement bon, il est lui-même tout mon bien,......
car il n'y a pas de mal en lui, non-seulement au regard de
lui-même, mais aussi au regard de cet univers qu'il a fait. »

C'est dans ce sens que je raisonnerai et que je dirai aussi : Dieu est bon de tout le bien qu'il a mis dans l'homme et dans la nature; mais il l'est outre de tout celui qu'il est, comme l'être absolu : ainsi il n'est pas seulement une bonne chose, mais la bonne chose entre toutes et par-dessus toutes, sans comparaison. Et il est tel par cela même qu'il est, par l'être qu'il possède sans l'avoir reçu, et qu'il a parce qu'il l'a, sans commencement ni fin. C'est cette pensée qu'exprime Fénelon, dans des termes qui marquent bien ce point de la perfection divine, quoique peut-être d'ailleurs ils ne soient pas sans quelque excès ; tout ce qu'il veut qu'on dise de Dieu, c'est qu'il *est ;* car moins on dit de paroles de lui, plus on dit de choses. « Il *est*, gardez-vous bien d'y rien ajouter,... s'écrie-t-il; par cela qu'il *est*, tout est dit. Celui qui demande quelque chose de plus, n'a rien compris dans l'unique chose qu'il faut concevoir. » Et encore : « Quand je dis de l'être qu'il est l'être par excellence, j'ai tout dit; le mot d'infini que j'ai ajouté, est un terme presque superflu... ici qui ajoute au mot d'*être* ajoute inutilement ; plus on ajoute, plus on diminue ;... c'est, pour ainsi dire, dégrader l'être par excellence que de croire avoir besoin d'ajouter quelque chose quand on a dit qu'il est (1). » Mais pour plus d'exactitude, et pour ôter au sentiment de Fénelon ce que, dans sa pieuse aspiration, il peut avoir d'excessif; pour mieux entrer dans la véritable notion de Dieu, et l'estimer excellent, non-seulement par son être même, mais aussi par ses attributs, il convient de rapprocher Bossuet de Fénelon, et de tempérer par le grand sens et la ferme sagesse de l'un l'enthousiasme quelquefois

---

(1) *Traité de l'existence de Dieu.*

un peu exclusif de l'autre. Bossuet dit donc : « Tandis que
le concours de plusieurs idées successives est nécessaire pour
exprimer Dieu à notre manière, ils ne veulent considérer que
l'unique idée de l'être. Il leur faut une notion générale de
Dieu, sans attributs, ni absolus ni relatifs; mais que ces
raffinés sont grossiers! Ils ne songent plus que Dieu n'est pas
saint, ni sage, ni puissant comme le sont les créatures par
des dons particuliers; mais qu'étant tout par lui-même et sa
propre substance, tout l'infini de ce premier être se voit dans
chacune de ses perfections. On ne sort jamais des attributs
de Dieu qu'on n'y rentre d'un autre côté et peut-être plus
profondément. Aussi n'est-ce pas une étrange ignorance que
de dire que les attributs de Dieu empêchent l'accès auprès
de lui et le repoussent en son essence? C'est pourquoi il ne
faut pas diviser en Dieu les perfections, et surtout les retrancher toutes, pour n'en plus conserver qu'une, et celle-là
même que nous concevons le moins sans les autres, et qui
nous touche le moins sans elles, c'est-à-dire l'être pur. » « Il
ne faut pas, comme dit encore Bossuet, les considérer par
vues distinctes, mais les réunir, et seulement aider, en les
partageant dans le discours, la faiblesse humaine, qui ne
peut tout porter à la fois. » Le Dieu bon, puis-je maintenant bien reprendre, est donc certainement celui qui *est*,
mais il n'est pas seulement celui qui *est*, il est aussi celui qui
fait, qui est le créateur, comme il est l'incréé, qui à l'un de
ces titres a sa perfection, comme à l'autre. Le Dieu bon est
celui qui a en soi, pour créer, l'éternité ou la perfection
du temps, l'immensité ou la perfection de l'espace, la
toute-sagesse ou la perfection de l'intelligence, la toute-
bonté ou la perfection de l'amour, et la pleine liberté et la

pleine puissance; qui est tout entier et avec tous ses attributs dans la production, la conduite et la consommation de son œuvre; le Dieu bon est, en un mot, une âme, mais une âme d'un genre à part, et qui, absolue en elle-même, a dès le principe son essence et son action pour une fin, ce que je n'oserais appeler sa destinée, mais ce que je nommerai bien sa providence, les a, dis-je, accomplies et parfaites; à la différence des créatures, même les meilleures, qui ne sont jamais bonnes que relativement, successivement, par progrès laborieux, et toujours plus ou moins limités. Pour Dieu, point de progrès, point d'avancement, point de commencement suivi d'un plus ou moins long achèvement; jamais en puissance, toujours en acte, il est un bien tout venu, si on me permet de le dire, et jamais à venir, sans début et sans terme, comme aussi sans défaut, dans la simplicité et la continuité de son infinie excellence.

Tel est le bien en Dieu. J'ai ailleurs traité cette question : Ce que prouve en Dieu le bien qui se voit dans l'homme, et implicitement aussi celui qui se voit dans la nature. Je n'y reviendrai pas ici, je me borne à renvoyer au lieu même où je m'en suis occupé (*Traité de la Providence*); mais je rappellerai, en la reproduisant, la conclusion de toute cette discussion, parce qu'elle rentre dans mon sujet, et je dirai que, par tout ce qu'ils ont de bon, l'homme et la nature prouvent un Dieu plein de bonté; et que, par ce qu'ils renferment de mal, ils ne prouvent pas autre chose, attendu que, mal comme bien, tout se concilie dans la création avec la perfection infinie et absolue du créateur. A quoi j'ajouterai ces deux passages de saint Augustin, qui ne me seront certes pas d'un médiocre appui : « Si toutes les choses de la

terre, dit-il, se taisaient après nous avoir parlé et nous
avoir rendus attentifs à écouter celui de qui elles tiennent
l'être, et que lui seul nous parlât, non plus par elles, mais
par lui-même, en sorte que nous entendissions sa parole non
par un langage mortel, ni par la voix d'un ange, ni par celle
du tonnerre, ni par l'énigme d'une parabole, mais que lui-
même, que nous aimons en elles, nous parlât sans elles.... si
cette sublime contemplation continuait, et que, toutes les
autres vues de l'esprit ayant cessé, celle-là seule absorbât
l'âme et la comblât d'une joie tout intérieure et toute divine,...
ne serait-ce pas l'accomplissement de cette parole de l'Écri-
ture : « Entrons dans la joie du Seigneur (1)? » Et ailleurs :
« Qu'est-ce que j'aime quand je vous aime? ce n'est ni tout ce
que les lieux renferment de beau, ni tout ce que les temps
nous offrent d'agréable; ce n'est ni cet éclat de la lumière qui
donne tant de plaisir à nos yeux, ni la douce harmonie des
sons, ni l'odeur des fleurs, ni la manne, ni le miel, ni tout
ce qui peut plaire dans les voluptés de la chair ; ce n'est rien
de tout cela que j'aime, quand j'aime mon Dieu; et cependant c'est une lumière, une harmonie, un parfum et une
volupté que j'aime en lui; mais une volupté, un parfum, une
harmonie et une lumière qui ne se trouvent que dans mon
cœur... Voilà ce que j'aime dans mon Dieu. Et qu'est-ce que
cela? Je l'ai demandé à la terre, et elle m'a répondu : « Ce
n'est pas moi; » et tout ce qu'elle contient m'a fait la même
réponse. Je l'ai demandé à la mer et aux abîmes, et ils m'ont
répondu : « Nous ne sommes pas votre Dieu : cherchez-le
au-dessus de nous. » Je l'ai demandé à l'air que nous respi-

_____

(1) *Confessions.*

rons, et aux oiseaux qui le peuplent, et ils m'ont répondu également : « Nous ne sommes pas Dieu. » Je l'ai demandé au ciel, au soleil, à la lune et aux étoiles, et ils m'ont toujours répondu : « Nous ne sommes pas non plus la Divinité que vous cherchez. » Je me suis adressé à tous les objets qui m'environnent, et leur ai dit : « Puisque vous n'êtes pas mon Dieu, apprenez-moi au moins, je vous prie, quelque chose de lui; et ils se sont écriés tout d'une voix : « C'est celui qui nous a créés....... » Mais, ô mon âme, c'est à toi que je parle avant tout, parce que tu es au corps comme la vie qui le soutient et l'anime, et que Dieu est la vie même de la vie (1). » Ainsi s'exprime saint Augustin. C'est sous la forme d'*élévation* une véritable démonstration, qui revient à dire que ce que nous aimons en Dieu est un bien qui a des traces sans doute, et des traces éclatantes, dans la nature et dans l'humanité, mais qui n'est cependant celui ni de l'un ni de l'autre, qui les surpasse souverainement, n'en diffère sans doute pas en essence, mais s'en distingue en degrés, comme l'infini du fini.

Tel est le bien dans l'homme, dans la nature et dans Dieu. Ce qu'il y offre de commun, et par conséquent de général, c'est d'y être en son fond l'âme ou l'analogue de l'âme, la vive force, dans son essence et son action développée; c'est d'y être l'âme dans sa perfection relative ou absolue.

Si donc ce que nous aimons est le bien, il nous est maintenant facile de donner une solution plus nette et plus précise à cette question : Qu'aimons-nous? En toute chose, ce que nous aimons, c'est l'âme ou l'analogue de l'âme; c'est le

---

(1) *Confessions.*

principe d'action qui est à la racine de tout être, s'y développe dans son essence et y accomplit sa destinée. Sainte Thérèse a dit : « L'amour qui a Dieu pour objet est comme une
flèche que l'âme tire à Dieu. » L'amour en tout est ainsi fait ;
c'est un acte, c'est un trait incessamment tourné vers le but
qui l'attire, et qui n'est autre que l'âme ; il n'en est diverti
que par des illusions, des déceptions, de trompeuses appa-
rences. Par son inclination naturelle, c'est à l'âme qu'il se
porte, qu'il s'attache et se fixe. Tous ses mouvements sont
vers l'âme ; et quand parmi ses égarements il vient à s'apercevoir que ce n'est pas l'âme, son vrai bien, qu'il poursuit et
recherche, mais l'ombre, le fantôme, l'enveloppe grossière
de ce bien, il se retire triste et honteux ; triste et honteux
aussi quand c'est l'âme en effet, mais l'âme dégradée, cor-
rompue et déchue.

C'est l'âme que nous aimons avant tout et par-dessus tout,
l'âme en elle-même et pour elle-même ; mais c'est aussi avec
elle et pour elle, ce qui en participe et la sert, ce qui en reçoit
par communication comme un souffle de spiritualité. Seulement, comme je viens de le dire, il arrive fréquemment que
l'amour se méprend, et qu'où il croit saisir l'âme, il ne
trouve que le corps, et se perd à l'aimer : non, sans doute,
qu'il doive ne faire aucun état du corps, et le regarder comme
chose indifférente ou mauvaise ; son erreur est de l'aimer
comme l'âme, à la place de l'âme, ou de préférence à l'âme.

C'est ainsi qu'il nous arrive d'aimer dans l'homme, au lieu
de ce qui est vraiment lui, de sa vraie personne, de son âme,
ce qui n'en est que l'expression et l'instrument, sa fausse personne, son corps ; et quant à Dieu lui-même, de l'adorer
dans son œuvre et non dans son essence, dans ce qu'il a *fait* et

non dans ce qu'il *est;* double espèce d'idolâtrie, double amour trompeur, qui prend l'ombre pour la réalité, la forme pour le fond, une vaine apparence de Dieu et de l'homme pour Dieu et l'homme eux-mêmes.

Mais, quels que soient ces aveuglements et ces égarements de l'amour, il n'en est pas moins vrai que l'objet constant auquel il tend par sa nature, est l'âme ou l'analogue de l'âme à l'état de perfection.

C'est l'âme que nous aimons; mais c'est aussi l'âme qui aime. L'amour n'est donc au fond qu'un mouvement d'âme à âme, qu'un doux commerce des âmes, unies heureusement entre elles pour leur mutuelle perfection. C'est pourquoi à s'aimer, les âmes ne peuvent que gagner; comme à ne pas s'aimer, elles ne peuvent que s'altérer. Ne pas s'aimer pour elles, c'est rester seules en elles-mêmes; et la solitude, c'est la faiblesse, la privation, le mal. Aimer est donc un acte de la plus haute spiritualité, et qui fait qu'en se liant les âmes se complètent, et n'en deviennent que plus fidèles à leur essence et à leur loi. La société des âmes par l'amour, voilà leur vraie vie; comme la division, la séparation, la discorde et la solitude, voilà leur infirmité, leur péril et leur perte.

Ce que nous aimons, c'est le bien; ce n'est cependant pas le bien sans un certain caractère, sans un certain rapport avec nous, qui nous le rende, comme le dit Bossuet, communicatif de lui-même et par conséquent bienfaisant. Autrement, du moins, nous ne l'aimons que d'un amour vague et sans chaleur; nous sommes disposés à l'aimer plutôt que nous ne l'aimons. Nous ne l'aimons véritablement, nous ne l'aimons en *acte,* que quand, de l'espèce d'abstraction où le conçoit notre raison, il nous devient par le sentiment plus prochain, plus intime, plus présent en quelque sorte; qu'il nous va plus au cœur, et, de général qu'il était, se faisant particulier et nôtre, il nous tient, nous intéresse et nous touche de plus près. Plus il a de ces liens, de ces rapports sensibles avec nous, plus aussi nous l'aimons. C'est pourquoi, toutes choses égales d'ailleurs, nous l'aimons plus précisément dans les personnes de la famille que dans celles de la cité, et dans celles-ci que dans les étrangers; c'est pourquoi aussi nous l'aimons mieux dans une nature qui nous entoure, nous enveloppe et nous presse de ses bienfaits, qui est comme notre mère et notre nourrice, que dans une nature dont nous ne recevons que de loin le concours indirect. C'est pourquoi encore nous aimons mieux le Dieu de nos pères et de notre foyer domestique, le Dieu qui habite en nous, qui vit et agit en nous, qui nous est comme une société au plus profond de notre âme, que le Dieu qui nous apparaît sans attributs marqués, sans caractère défini, sans rien de familier et d'intime avec nous, que le Dieu solitaire et qui nous laisse seuls. Ce que nous aimons réellement, c'est, dans chacun de ces genres, le bien qui vient à nous, se fait à nous, se lie et se relie à nous pour nous mieux appartenir; qui devient, si on peut le dire, père et mère pour nous, personne de la famille, concitoyen et ami; qui devient également pour nous le sol natal, le champ de nos pères, notre pays, notre lieu propre, le théâtre de toute notre destinée; qui devient enfin le Dieu de nos pénates, de notre patrie, et mieux encore le Dieu de notre âme, de ses besoins, de ses faiblesses et de ses fautes, la soulageant dans les unes et la corrigeant dans les autres, et, en tout, usant envers nous de son infinie providence avec une bienveillance particulière.

Voilà le bien que nous aimons d'un amour certain et défini. Ainsi le bien, toujours en soi aimable, n'est cependant véritablement aimé que quand il est avec nous dans de telles relations qu'elles nous le rendent personnellement attrayant et bienfaisant. — Aimer est un mouvement qui par première impulsion ne tend qu'à l'union, et qui n'aurait jamais d'autre détermination, si dans les objets qui l'excitent il n'y avait que du bien ; car, à l'égard du bien, il ne peut pas y avoir deux dispositions, il n'y en a qu'une, l'inclination ; et cependant, comme nous l'avons vu, aimer est aussi, au moins par accident, repugner et repousser. Pourquoi ? Parce qu'il n'y a pas que du bien ; et si l'on souffre, si l'on hait, si l'on regrette, si l'on craint, s'il y a tant d'affections et de passions malveillantes, c'est qu'avec le bien il y en a la privation, c'est qu'avec le positif il y a le négatif de l'être, selon l'expression de Fénelon, c'est qu'il y a, en un mot, le mal, lequel n'est en effet qu'une limitation extrême et une profonde diminution du bien. L'amour en paix, en satisfaction, en plein cours d'union, accuse pour objet un bien qui, au moins en somme et relativement, peut passer pour parfait. Mais l'amour en contrariété, en peine et en aversion, témoigne d'un bien qui ne le contente pas, qui ne lui suffit pas, qui lui manque, qui le prive, qui, en un mot, est négatif. L'homme et la nature sont des biens, mais ces biens sont finis, mais ils sont variables ; ils ont des bornes nécessaires, et dans ces bornes mêmes ils peuvent être bornés ; ils peuvent l'être jusqu'à devenir ce qu'il y a de moins bon dans leur genre ; ils peuvent, de limitations en limitations, de privations en privations, de défauts en défauts, en être réduits à n'être presque plus des biens, à n'être que des biens négatifs, c'est-à-dire des maux. Telles sont, en effet, les mauvaises âmes, tels sont aussi les mauvais corps, telles sont toutes ces choses qui par essence sont bonnes, mais qui par accident et corruption deviennent tristes et fâcheuses. De là leur impression sur l'amour, la peine ou la négation de la joie, la haine ou la négation de l'inclination, et toutes ces affections négatives ou répulsives qu'elles déterminent dans notre âme. Si donc notre amour a parfois quelque chose d'hostile et de malveillant à l'égard de l'homme et de la nature, c'est que dans l'homme et dans la nature il trouve du mal, une cause de souffrance, un objet qui le blesse.

Quant à Dieu, il est en lui-même un bien infini et immuable, absolument parfait ; mais ce qu'il est en lui-même, il ne l'est pas également dans ses manifestations, dans ses relations avec nous, dans ses manières de se faire connaître; et surtout il ne l'est pas dans les vues de notre esprit, souvent si mensongères. Il peut selon ses desseins, et pour les mieux conduire, se révéler, se déclarer plus ou moins à notre âme, se rendre selon les temps, les lieux et les personnes, plus ou moins visiblement présent, facile et bienfaisant; il peut nous laisser à désirer, à espérer et à craindre, se retirer de nous, se refuser à nous, nous frapper et nous affliger pour nous éprouver ou nous corriger. De là dans notre cœur ces tristesses mystérieuses, qui, si nous ne savons les comprendre et les bien prendre, les adoucir par la prière, la résignation et l'humilité, se tournent malheureusement en ces haines impies et en ces révoltes sacriléges dont il arrive que le souverain bien lui-même devient parfois, pour nos esprits éperdus, superbes et irrités, l'objet détesté. De là, je n'ose pas

dire, toute cette religion de l'orgueil et de la colère ; car il
n'y a pas de religion sans pieuse douceur, mais tous ces mouvements hostiles d'une passion misérable et rebelle à l'égard
de celui auquel nous ne devrions qu'amour.

Maintenant, si je ne l'avais fait plus haut en traitant de l'a-
mour, ce serait ici le lieu de présenter quelques remarques
sur le bien abondant, sur le bien défaillant, et le rapport
qu'ils ont l'un et l'autre avec la faculté d'aimer ; mais j'en
ai assez parlé, pour n'avoir pas besoin d'y revenir. Je me
hâte donc de conclure sur toute cette question, et je dis ou
plutôt je répète, pour mieux marquer la solution à laquelle
je suis parvenu, que le bien est en chaque chose son essence
développée, sa destinée accomplie, la perfection propre de
son être, et, pour plus de précision, que c'est l'âme ou l'analogue de l'âme, tout principe d'action fidèle à sa nature ; que
c'est l'âme en Dieu, mais l'âme absolue dans tous ses attributs ; l'âme en l'homme, mais avec son excellence relative et
bornée ; encore un peu l'âme, mais surtout la simple force,
également en action selon les lois qui lui sont propres,
dans les animaux, les végétaux, les minéraux, en un mot, la
nature.

Cette conclusion, jointe à celle que j'ai d'abord proposée
au sujet de l'amour, me ramène à Helvétius, en vue duquel
je les ai l'une et l'autre établies, et me permet une nouvelle
appréciation de la doctrine de son deuxième discours.

Il a avancé bien des paradoxes. La plupart, sans crédit.
méritent à peine l'examen. Mais s'il en est un qui ait eu d'a-
bord et qui ait conservé par la suite une certaine faveur,
parce que malheureusement il touche à un des côtés les plus
fâcheux de la nature humaine, le flatte et le caresse, c'est sa

théorie de l'intérêt, c'est sa philosophie de l'amour. Voilà
pourquoi, après l'avoir repoussée par les raisons qu'on lui
objecte d'ordinaire et qui ont certes leur solidité, j'ai cru devoir essayer en outre d'une autre manière de la combattre,
et opposer dogmatiquement un système à un autre. Si donc,
en s'appuyant sur les principes que je viens de développer,
on veut faire un retour sur ceux que soutient Helvétius, on
se rappellera qu'à la double question : Qu'est-ce qu'aimer, et
qu'aimons-nous ? il répond par cette double solution : Aimer,
c'est sentir, être affecté dans ses sens, éprouver un mouvement de sensibilité physique ; être aimé, c'est avoir les qualités qui conviennent à cette sensibilité, c'est être physique-
ment bon ; plus simplement, c'est être utile.

L'utile, voilà, selon lui, l'unique objet de l'amour ; l'âme
réduite à l'organisation, ou mieux encore les organes, en voilà
le sujet : par conséquent, l'amour lui-même n'est qu'un rapport
d'union d'un corps à un autre corps, du corps qui demande
l'utile, à celui qui le fournit. Or si, comme je crois l'avoir
assez clairement démontré, c'est en nous le bien qui aime,
mais le bien tout entier, et non pas seulement du bien, ce
qui n'en est qu'un élément, et le moindre assurément, c'est-
à-dire le bien physique ; et si c'est également le bien en général, toute espèce de bien et non pas seulement l'utile, le
dernier de tous, qui est l'objet de l'amour, ou ce qui revient au même, si c'est d'un côté l'âme, dans le plus pur
de son essence, et de l'autre l'âme encore dans sa perfection, qui aime et qui est aimée, il y a une première et capitale objection à adresser à Helvétius : c'est qu'il n'a entendu
de l'amour ni l'un ni l'autre terme, ni celui qui l'éprouve,
ni celui qui l'excite, ni le bien qui est en nous, ni le bien

hors de nous; il a pris dans tous deux la partie pour le tout, et cette partie-là même il l'a mal comprise, précisément parce qu'il l'a admise à l'exclusion de toute autre; puisqu'il est vrai que, soit en nous, soit hors de nous, le bien physique ou l'utile n'a sa valeur et son prix qu'à la condition d'autres biens auxquels il se subordonne, tels que le juste, l'honnête, le beau et le divin; et ce qui est encore la même objection, mais sous une autre forme, qui ne la rend que plus pressante, ce n'est pas le corps qui aime, ce n'est pas le corps qui est aimé; le corps n'aime pas, il ne fait que céder à l'amour; le corps n'est pas aimé, au moins en lui-même et pour lui-même, il ne l'est que comme expression, instrument et moyen d'un principe supérieur qui seul a en soi et par soi la vertu de l'attrait. Il n'y a que l'âme qui aime, que l'âme ou l'analogue de l'âme qui, à son tour, soit aimée. L'âme au double point de vue du sujet et de l'objet, voilà le fond de l'amour. Ce fond a échappé à Helvétius, qui n'en a pu donner qu'une fausse et fâcheuse explication; car non-seulement il l'a méconnu, mais avili et ravalé. Une des grandeurs de l'homme est l'amour, mais l'amour dans sa vérité et sa pureté tout ensemble; par sa théorie, Helvétius en a fait un des abaissements. Qu'est-ce qu'aimer en effet, quand ce n'est plus en nous la sagesse, la bonté, la charité, la justice, la piété, l'âme même en son bien, qui aime, et qui en aimant aspire à devenir meilleure; mais quand il n'y a que le corps qui gravite vers le corps, quand il n'y a que l'animal qui recherche l'animal, quand tout dans ce sentiment, motif, moyen et but, se réduit à quelque chose d'organique et de matériel?

Ce n'est plus vraiment aimer, ce n'est plus moralement s'é-

20.

mouvoir, aspirer et se porter de cœur au bien ; ce n'est plus que se livrer à l'instinct de la chair ; ce n'est plus s'élever, mais s'abaisser. Aimer ainsi n'est plus une des grandeurs de l'homme, ce n'est réellement qu'une de ses plus humbles nécessités.

Mais il est une objection encore à faire à Helvétius, toujours en vertu de la même théorie.

Sans doute, aimer est toujours pour une part s'aimer, au sens plausible et vrai où j'ai essayé de le montrer ; et l'amour ne nous a certainement pas été donné pour nous vider de nous-mêmes, selon l'expression de Bossuet, et nous rendre indifférents à notre propre destinée. Être soi et n'avoir pas l'amour de soi serait une contradiction et une inutilité ; être soi et ne pas s'aimer, autant vaudrait n'être pas soi.

Il est donc conséquent et légitime à la fois, qu'il y ait du *moi* dans l'amour ; mais il ne l'est pas moins qu'il y entre aussi autre chose. S'aimer et aimer en même temps un autre bien que le sien, autant et plus que le sien, selon les règles de la justice ; ne pas s'aimer par suite comme l'unique et le souverain bien, mais comme un bien qui a grand besoin d'appui, de concours, de piété, d'indulgence ; ne pas compter dans son cœur les autres pour rien et soi pour tout, mais se compter soi-même pour peu et les autres pour beaucoup, et Dieu surtout pour l'infini, voilà encore, selon le langage de Bossuet, l'ordre et la rectitude dans l'amour.

Mais n'aimer au fond que soi, comme le veut Helvétius ; avec soi n'aimer ni Dieu, qu'on n'admet pas, ni l'homme qu'on n'admet guère ; et en soi n'aimer que le moindre de soi-même, le bien sensible, le corps, voilà ce qui n'est plus l'ordre, ce qui n'est plus le droit ni le juste. D'autres ont pu prêcher l'amour à l'exclusion du moi; c'était une chimère, mais qui avait du moins sa délicate spiritualité; pour lui, il a prêché l'amour à l'exclusion ou du moins avec le mépris de toute autre chose que soi; chimère aussi, mais celle-là grossière, sans grandeur, et en un point sacrilége. Helvétius, je n'ai pas besoin de le dire, est tout le contraire d'un mystique, il ne raffine pas sur l'amour, mais il n'en est pas mieux dans le vrai; et erreur pour erreur, j'avoue que je préfère celle qui a un moment égaré la belle âme de Fénelon, à celle où s'est perdue l'âme un peu plus mondaine de l'auteur du livre de l'*Esprit*. L'une a pu inspirer les *Maximes des saints*, l'autre dicter ces autres *Maximes*, d'un caractère un peu différent, écrites par un courtisan chagrin, et déçu dans ses vues. Ce sont deux excès, mais vers l'un desquels il ne me paraît pas qu'Helvétius, sur les pas et à la suite de la Rochefoucauld, mais plus faible et moins piquant, doive nous faire pencher et nous entraîner.

Ainsi, en résumé, Helvétius n'a donné de la question de l'amour, par la sensibilité physique d'une part et l'utile de l'autre, qu'une solution très-imparfaite; il n'a bien vu ni ce que c'est qu'aimer, ni ce que c'est que l'on aime; il n'a pas dit à cet égard le secret de tout le monde, mais tout au plus et à peine celui de quelques-uns, si même au fond jamais c'est celui de personne; et pour toute doctrine il est arrivé à une sorte d'égoïsme sensualiste, dont je vais laisser à un autre le soin de faire sentir à sa manière les dangereuses conséquences. Un jour Voltaire déjà vieux, et auquel une plus longue expérience de la vie, une certaine impatience des choses fausses et une sorte de révolte de conscience contre les choses mauvaises, arrachaient parfois de ces mots qui étaient

toute une protestation contre les maximes quelque peu té-
méraires des plus aventureux de ses amis, était à table, à
souper, et écoutait en silence ses commensaux dans leurs
propos, lorsque tout d'un coup, et comme pour leur donner
une leçon indirecte, mais cependant assez parlante, il fit
sortir ses domestiques, et dit : « Maintenant, messieurs, continuez ; mais comme je ne veux pas être égorgé cette nuit
par mes domestiques, il est bon qu'ils ne vous écoutent
pas (1). »

Ce n'était donc pas là le vrai secret des cœurs, ce secret de
tout le monde et bon à tout le monde ; c'en était un faux et
fâcheux, que Voltaire avait raison de vouloir tenir caché :
n'aimer que soi, et en soi ce qu'il y a de moins bon, n'est
certainement pas la vérité en matière de sentiment ; et Helvétius s'est grossièrement et gravement trompé, quand il l'a
supposé. L'homme est autre et vaut mieux, et doit être autrement entendu et estimé.

Aussi, je l'avoue, ce n'est pas sans une certaine satisfaction
et sans une sorte de consolation que je crois avoir, pour ma
faible part, mis à nu et combattu cette opinion d'Helvétius.

Je m'en sens maintenant d'autant mieux disposé à passer à
l'examen de ses deux derniers *discours*.

---

(1) Mémoires de Mallet du Pan, qui donne, au reste, une autre version
que voici : « Pardon, messieurs ; mais je veux que nos laquais croient à
la conscience et à Dieu. »

*Les deux derniers discours du livre de l'*ESPRIT. — *Le livre de l'*HOMME.

On se le rappelle, dans son troisième discours, Helvétius se propose de rechercher si l'esprit, toujours au sens particulier dans lequel il l'entend, est un don de la nature ou un effet de l'éducation, et par conséquent si les inégalités, qui se voient à cet égard parmi les hommes, tiennent à l'une ou à l'autre de ces causes.

Sa réponse à cette question est d'abord très-simple; mais elle se complique ensuite, en se développant, d'une foule d'explications et même de digressions qui finissent par se multiplier ou s'étendre démesurément.

Ainsi, en thèse générale, il n'hésite pas à affirmer que si la nature par les sens, par la sensibilité qu'il lui suppose, nous donne à tous de l'esprit, c'est-à-dire des idées, elle ne nous le répartit cependant pas avec ces différences de tout ordre, qui se remarquent entre nous; qu'elle ne nous forme pas, par exemple, les uns stupides, les autres spirituels; les uns poëtes, les autres géomètres; qu'elle nous fait plutôt tous à peu près également capables des mêmes pensées, également aptes aux mêmes talents; mais que c'est l'éducation, ou l'ensemble des circonstances au milieu desquelles nous sommes élevés, qui produit ces inégalités; car rien de plus divers que ces circonstances, tandis que la nature, chez tous à peu près uniforme, n'offre, des uns aux autres, que d'inappréciables différences.

Telle est l'opinion d'Helvétius; mais, si parfaite confiance qu'il ait dans cette opinion, il n'est pas cependant sans pré-

voir les difficultés qu'elle doit soulever, et c'est pour les résoudre qu'il prodigue sans mesure ces raisonnements et ces
développements qui, pour abonder sous sa plume, n'en ré-
pandent pas dans son discours plus de démonstration et de
lumière.

En effet il soutient, sans même être arrêté par l'espèce de
contradiction dans laquelle il tombe dès l'abord, que la sensibilité physique, qui cependant selon lui est le principe
producteur, la faculté génératrice des idées, n'entre pour
rien, par ses qualités propres, dans les différents genres de
mérites ou de distinctions de l'esprit, et que le plus ou moins
de finesse, de délicatesse et de vivacité qu'elle possède, reste
étranger au plus ou moins de justesse, de force, d'étendue ou
de pénétration de l'intelligence. Et ce qu'il dit de la sensibilité, il le dit également de la mémoire, qui n'est au surplus
à ses yeux que la sensibilité continuée; ce qui lui fait avancer
que chez tous les hommes primitivement elle est à peu près
la même, et que si ultérieurement elle offre des uns aux
autres de plus ou moins grandes différences, cela tient au
plus ou moins de soin et d'art avec lequel elle a été cultivée
chez chacun d'eux; de sorte que par exemple, à ses yeux,
« toutes les grandes mémoires sont artificielles. » Il raisonne
encore de l'attention comme de la sensibilité et de la mémoire. Il pense qu'à l'origine elle diffère très-peu d'un individu à un autre, et que si par la suite elle laisse voir de très-
grandes inégalités, ce n'est pas à son essence même, mais aux
passions qui l'excitent, qu'il faut les attribuer. Les passions
en effet sont, selon lui, le grand mobile du monde moral;
« elles sont, dit-il, dans le monde moral ce que dans le monde
physique est le mouvement; il crée, anéantit, conserve et

anime tout; ce sont elles aussi qui vivifient le monde moral. »
Les passions fortes surtout, continue-t-il, font la supériorité
d'esprit des hommes qu'elles enflamment sur les gens sensés ;
si bien même qu'ils deviennent stupides quand ils cessent d'en
être animés.

Serait-ce donc, par hasard, que les passions qui, en principe sont inégales dans chaque individu, seraient ainsi la
cause, et la cause naturelle de l'inégalité des esprits? Nullement, répond encore Helvétius; « car, dit-il, il est bon d'observer qu'en fait de passion, les hommes ne diffèrent peut-
être pas entre eux autant qu'on le suppose. » Ce qui veut dire
au fond, et pour entrer rigoureusement dans la pensée de
l'auteur, que les hommes ne diffèrent pas plus entre eux natu-
rellement par les passions que par l'attention, la mémoire
et la sensibilité physique, à laquelle d'ailleurs tout revient.

Si donc les passions contribuent pour une large part à
l'inégalité des intelligences, cela ne tient pas au caractère
qu'elles ont originellement, mais à celui qu'elles prennent
avec le temps, et sous l'action des circonstances au milieu
desquelles elles se développent. Et afin de mieux prouver que
ce ne sont pas les passions à leur état primitif, mais les passions à leur état actuel et artificiel, qui déterminent dans les
esprits les différences qu'on y observe, Helvétius les analyse
de manière à montrer qu'elles ne sont toutes au début que
de la sensibilité physique, que de la peine ou du plaisir physique, et que par conséquent alors elles se ressemblent à peu
près toutes. Et à cette occasion il s'efforce, en prenant une
à une les principales des passions qu'il appelle artificielles,
telles que l'avarice, l'ambition et l'amitié, de les expliquer et
de les apprécier de manière à les résoudre toutes dans une

affection purement sensible. Ainsi l'ambition ne naît, selon lui, que du désir de jouir, ou de la peur de souffrir, non pas dans son honneur, dans sa considération, dans sa gloire, dans un grand dessein à tenter, dans sa patrie à défendre ou sa foi à venger, dans quelque chose en un mot de spirituel et de moral; non, mais dans ses appétits, dans ses besoins, et dans ses plus vulgaires nécessités physiques. L'ambitieux n'aspire aux grandeurs que pour les richesses, et aux richesses que pour les plaisirs, pour celui des femmes particulièrement : attendu, dit Helvétius, que « si le grand ressort de l'ambition chez les sauvages est la faim, chez les peuples policés, c'est l'amour des femmes. » Sous forme de l'ambition, l'orgueil n'est lui-même, quoi qu'il prétende, qu'une aspiration au bien-être matériel. Curtius est un orgueilleux, qui se précipite à la mort parce qu'il est las de la vie, et qu'il désire s'en délivrer par une action d'éclat, dont la perspective lui plaît et flatte sa sensibilité. C'est un cas de spleen, sous apparence de fanatisme politique, avec un fond de sensualisme pour principe et pour mobile. La disposition au martyre n'est également qu'un certain goût de l'orgueil pour les jouissances des sens, qu'on espère se procurer en prenant place parmi les dieux : singulier goût, il est vrai, et qui prend pour se satisfaire un bien étrange moyen, puisque ce n'est pas moins que le corps, que les sens, que l'instrument même de ces jouissances, qu'on sacrifie pour les acquérir dans un avenir inconnu, si ce n'est même impossible, du moins au point de vue de ce système.

Et l'amitié est comme l'ambition; elle n'est pas plus généreuse; elle n'est aussi en principe que de la sensibilité physique. Selon Helvétius en effet, on a des amis de plus d'une sorte; on en a d'argent, de crédit, de jeu, de travail et d'étude, etc.; mais c'est toujours en vue de sa propre utilité. « On en a de curiosité, ce sont ses termes, car en amitié comme en amour on fait souvent son roman; on en cherche partout le héros; on s'accroche au premier venu; on l'aime tant qu'on ne le connaît pas, et qu'on est curieux de le connaître; la curiosité une fois satisfaite, on s'en dégoûte; » pure affaire de plaisir, manière comme une autre d'affecter agréablement sa sensibilité physique; et en général, « en considérant l'amitié, c'est toujours Helvétius qui parle, comme un besoin réciproque, on ne peut se cacher que, dans un long espace de temps, il est très-difficile que le même besoin, par conséquent la même amitié subsiste; aussi, a dit un homme d'esprit, des paroles duquel il s'appuie ici avec une sorte de complaisance et de satisfaction : « Ceux qui veulent être vivement animés, doivent en amitié comme en amour avoir beaucoup de passades, et point de passions (p. 126). » Toute amitié née d'un besoin se règle donc sur ce besoin; le besoin est la mesure de ce sentiment (p. 127 et 135). Mais, dira-t-on, le besoin n'est pas physique : qu'est-ce qu'un ami? un parent de notre choix; on désire un ami, pour vivre pour ainsi dire en lui, pour épancher notre âme dans la sienne, etc. Cette passion n'est donc pas fondée sur la crainte de la douleur ou l'amour du plaisir physique? Non en apparence, répond Helvétius; mais, en réalité, il s'agit toujours de se procurer un plaisir ou de s'épargner une peine de ce genre; il n'y en a d'ailleurs pas d'autre, et l'amitié n'est-elle-même qu'un effet de la sensibilité physique (p. 137 et 136).

Mais j'ai assez suivi l'auteur dans cette espèce de digression, et je reviens à son point, qui est que les passions, au moins

21.

dans la nature, et avant qu'elles deviennent factices, ne met-
tent point entre les hommes de véritables différences. Ce
n'est pas en effet, selon lui, la nature, mais la société et les
gouvernements, qui modifient les passions, et par les passions
toutes les autres facultés de l'homme. Et à ce sujet il disserte,
à n'en pas finir, sur les gouvernements despotiques et les
gouvernements libres, traite de la politique à sa manière, et
en fait à sa thèse les plus étranges applications. Il va sans
dire que je ne m'engagerai pas sur ses traces dans toutes les
discussions auxquelles il se livre, véritables hors-d'œuvre,
qui n'enrichissent ni ne fortifient son ouvrage, qui le sur-
chargent au contraire. Ce sont bien des longueurs de trop,
et pas une démonstration de plus. Helvétius n'est pas plus
heureux dans ce genre de preuves que dans les autres; pas
plus quand il raisonne de politique que quand il parle de
morale, de métaphysique ou de physiologie, il ne se distingue par une grande exactitude de logique. En voici deux
exemples, entre autres. Il suppose qu'on lui demande pourquoi, si l'éducation a la vertu qu'il lui attribue, on voit en
France, sur quinze ou dix-huit millions d'âmes, si peu de
grands hommes dans tous les genres (p. 231). — Réponse :
En France il n'y a que Paris qui réunisse les circonstances et
les moyens d'éducation convenables; il n'y a donc que huit
cent mille âmes qui puissent en profiter. Mais de ce nombre
il faut d'abord retrancher les femmes, qui en forment la moi-
tié; et puis les enfants, les vieillards, les artisans, les manœu-
vres, les domestiques, les moines, les soldats et les riches,
qui en font aussi une bonne partie. On arrivera ainsi à un
très-petit nombre d'individus, à peine six mille, animés du
désir de s'instruire à un degré suffisant; et en éliminant en-

core de ce chiffre tout ce que des raisons particulières permettent d'en retrancher, on finira par savoir, dit Helvétius, pourquoi « une multitude de circonstances, dont le concours est nécessaire pour produire les grands hommes, manquant, les gens de génie sont aussi rares en France (p. 234). » Je ne sais si la statistique ainsi faite obtiendrait un grand crédit; mais ce qu'il y a de certain, c'est qu'elle ne fournit pas à Helvétius un argument bien plus puissant que celui du Pourquoi dont s'amuse Molière. L'autre exemple que je citerai est son opposition à Montesquieu sur la question des climats. A coup sûr, s'il est un point sur lequel il semble qu'Helvétius eût dû suivre l'auteur de l'*Esprit des lois*, c'est celui-là; puisque, d'après son système, l'homme n'est que sensation, organisation et matière, chose par conséquent nécessairement en prise à cet ensemble de causes physiques, qu'on appelle le climat. Eh bien! non, c'est tout le contraire que soutient Helvétius, un peu, il est vrai, à l'adresse et à l'intention de Montesquieu, à la suite duquel il ne voudrait pas paraître se placer, et qu'il regarde assez volontiers comme un émule, auquel il se compare sans trop d'embarras, et qu'il contredit sans trop de difficulté.

Mais il est temps que j'arrive à la conclusion de tout ce Discours, qui est « que le génie est commun, mais que les circonstances propres à le développer sont rares; à quoi il ajoute que l'amour du paradoxe ne l'a pas conduit à cette conclusion, mais le seul désir du bonheur des hommes.

Mais conclusion et discours, avant d'en rien discuter, je voudrais, pour en finir avec toutes ces analyses, dire encore rapidement un mot du quatrième et dernier Discours du livre de l'*Esprit*, qui n'offre, au surplus, rien de neuf, et qui

pourrait très-bien se rattacher comme appendice au premier.

Il s'agit des différents sens dans lesquels est pris le mot
esprit. L'auteur y parle d'abord du génie, auprès duquel « le
hasard remplit, dit-il, l'office de ces vents qui, dispersés aux
quatre coins du monde, s'y chargent de matières inflamma-
bles, qui composent les météores. Ces matières, poussées
vaguement dans les airs, n'y produisent aucun effet jusqu'au
moment où, par des souffles contraires, portées impétueuse-
ment les unes contre les autres, elles se choquent en un point ;
alors l'éclair s'allume et brille, et l'horizon est éclairé ; » ce qui
prouve, selon Helvétius, que si le génie est dans la nature,
s'il y est même commun, c'est l'éducation ou quelque chose
comme un ouragan qui le produit et le développe. Il parle
ensuite de l'imagination, du sentiment, de l'esprit proprement dit, de l'esprit fin, de l'esprit fort, de l'esprit lumineux,
du bel esprit, de l'esprit juste : sous ce dernier titre il prétend établir que dans les questions compliquées il ne suffit
pas, pour bien voir, d'avoir l'esprit juste ; qu'en général les
hommes sont sujets à s'enorgueillir de la justesse de leur esprit, et à donner à cette qualité la préférence sur le génie ;
qu'en conséquence ils se disent supérieurs aux gens à talent,
et croient ainsi simplement se rendre justice ; et cependant
l'esprit juste qui consiste à tirer des conséquences exactes et
quelquefois neuves des opinions vraies ou fausses qu'on lui
présente, contribue peu à l'avancement de la raison humaine.
L'auteur ne montre pas toujours dans ses développements
beaucoup de sobriété et surtout de bon goût. C'est ainsi qu'il
dit « que le génie éclaire quelques-uns des arpents de cette
nuit immense qui enveloppe les esprits médiocres, mais

qu'il n'éclaire pas tout ; » que l'esprit juste cependant est bien autrement borné : « Lorsque vous vantez entre vous votre justesse d'esprit, poursuit-il, il me semble entendre un cul-de-jatte qui se glorifie de ne point faire de faux pas. » O esprits justes ! lorsque vous traitez de mauvaises têtes ces grands hommes qui du moins sont si supérieurs dans le genre où le public les admire, quelle opinion pensez-vous que le public puisse avoir de vous ?... un homme de génie eût-il des vices, est encore plus estimable que vous.... fût-il d'une probité peu exacte, il aura toujours plus de droits que vous à la reconnaissance publique. » Puisque j'en suis à des citations, je me permettrai encore celle-ci, quoiqu'elle ne tienne que de bien loin au sujet que traite ici l'auteur ; mais elle a son caractère : « Dans la perte d'un enfant comme dans celle d'une araignée (par allusion à un trait de la vie de Lauzun ou de Pellisson à la Bastille), on n'a souvent à pleurer que l'ennui et le désœuvrement où l'on tombe (p. 382) (1). »

Comment un tel mot a-t-il pu échapper, je ne dis pas à l'auteur, mais à l'homme, mais au père ? Passe encore pour les esprits justes, on peut, si on le veut, n'en pas faire grande estime, à ses risques et périls bien entendu : mais parler ainsi de l'une des affections les plus pures du cœur humain ! mais expliquer ainsi la tendresse paternelle dans son deuil et

---

(1) Diderot a aussi écrit cette phrase : « Dites-moi si, dans quelque contrée que ce soit, il y a un père qui, sans la honte qui le retient, n'aimât mieux perdre son enfant que sa fortune et l'aisance de sa vie ? » — Diderot ne le pensait pas, témoin son amour pour sa fille ; c'était sa tête et non son cœur qui parlait ainsi ; et encore était-ce sa tête dans ses mauvais moments.

son affliction! il fallait bien s'oublier soi-même, pour ne penser qu'à son livre! et être bien décidé à prendre parti logiquement pour son ouvrage contre sa conscience! Helvétius n'est guère plus favorable au bon sens qu'à la justesse d'esprit : quoique cette qualité soit rare, dit-il, il ne pense pas qu'elle ait droit à la reconnaissance publique, ni par conséquent à la gloire; il la blâme dans un peuple, ainsi que la prudence qui en est la suite, et avec laquelle, dit-il, on ne trouve ni un homme pour se faire soldat, ni une femme pour se livrer aux ennuis de la maternité; » singulière inadvertance, au surplus, dans un apologiste à outrance de la doctrine de l'intérêt. Après quelques observations du même genre sur l'*esprit de conduite*, sur les *qualités de l'esprit et de l'âme* qui s'excluent, et sur l'*injustice du public* à cet égard envers les hommes de génie, il touche enfin au terme qu'il s'est proposé, et il achève son livre par quelques vues, à peine indiquées, sur un plan d'éducation qu'on aurait pu s'attendre à trouver plus précis, plus profond, plus développé et surtout mieux justifié; car il se réduit à peu près à ceci : Comme l'éducation est intimement liée à la constitution des États, et qu'on ne peut réformer l'une sans réformer l'autre, en supposant que la politique le permît, ce qu'il y aurait à faire, selon lui, pour améliorer l'éducation parmi nous, ce serait de substituer à l'étude du latin, et probablement aussi du grec, celle de la physique, des mathématiques, de l'histoire et de la poésie, toujours sans grec ni latin, et de joindre à ces changements l'art de placer les jeunes gens dans les circonstances, et de les occuper des objets les plus propres à exciter en eux l'amour de la gloire et de l'estime, et en général les passions dont l'attention reçoit son impulsion et l'esprit son activité (p. 483). « Ces problèmes résolus, dit-il, il est certain que les grands hommes, qui maintenant sont l'ouvrage d'un concours aveugle de circonstances, deviendraient l'ouvrage du législateur, et qu'en laissant moins au hasard, on pourrait dans les grands empires infiniment multiplier les talents et les vertus (p. 483). » Cette conclusion finale n'étonne pas après tout ce qui s'est lu dans le courant de l'ouvrage : elle n'a rien de prodigieux, ni même de très-imposant; mais il faut convenir qu'elle résume assez bien ce qu'a de vain et de faux, de nouveau et de problématique le système de l'auteur.

Aussi ne me mettrai-je pas en grands frais de discussion pour en présenter la critique; je me contenterai de lui opposer quelques autorités décisives et quelques solides raisons.

Voltaire, indépendamment de plusieurs autres remarques particulières, telles que celle où il déclare « qu'il est faux qu'on devienne stupide dès qu'on cesse d'être passionné, et qu'au contraire une passion violente rend stupide; » et celle où il s'indigne et s'écrie que « c'est outrager l'humanité que de mettre sur la même ligne l'avarice, l'orgueil, l'ambition et l'amitié; que c'est mettre l'amitié parmi de vilaines passions; Voltaire ne peut admettre, ne peut comprendre que tous les hommes soient nés avec les mêmes talents, puisque dans toutes les écoles des arts et des sciences, tous ayant les mêmes maîtres, il y en a si peu qui réussissent. Rousseau dans l'*Héloïse* dit aussi : « Pour changer les caractères, il faudrait pouvoir changer les tempéraments; vouloir pareillement changer les esprits et d'un sot faire un homme de talent, c'est d'une blonde vouloir faire une brune. Comment fondrait-on les cœurs et les esprits sur un modèle commun? » J'ai déjà

22

cité plus haut l'opinion de Frédéric dans le même sens; je demanderai la permission de la reproduire : « Helvétius s'est trompé, dit-il, dans son ouvrage de l'*Esprit ;* il suppose que les hommes naissent à peu près avec les mêmes talents. Cela est contredit par l'expérience. Les hommes portent en naissant un caractère indélébile; l'éducation ne change jamais le fond qui reste. Chaque individu porte en lui le principe de ses actions. »

D'Alembert, dans un des *éclaircissements de ses Éléments de philosophie*, fait aussi son objection à Helvétius. « Pour admettre, dit-il, son opinion sur l'égalité prétendue des esprits, il faudrait, ce me semble, ignorer combien d'une part notre âme est indépendante de nos organes, et combien de l'autre les organes de deux hommes diffèrent de perfection entre eux, antérieurement à toute éducation; deux vérités que l'expérience prouve incontestablement. » .... « Prétendre (quelle que soit d'ailleurs la puissance de l'éducation) que deux hommes différemment constitués et organisés, et placés d'ailleurs dans les mêmes circonstances à chaque instant de leur vie, produiront absolument les mêmes choses, c'est prétendre que deux hommes, l'un faible et l'autre robuste, placés dans les mêmes circonstances et élevés de même, seront capables des mêmes actions de force corporelle (1). »

Diderot de son côté, dans ses *réflexions* sur la même opinion d'Helvétius, s'exprime ainsi : « Dans son troisième *Discours* l'auteur se propose de montrer que, de toutes les cau-

---

(1) D'Alembert, dans son éloge de Sacy, à propos de son traité de l'*Amitié*, attaque aussi Helvétius sur ce point.

ses par lesquelles les hommes peuvent différer entre eux,
l'organisation est la moindre; en sorte qu'il n'y a point
d'homme en qui la passion, l'intérêt, l'éducation, le hasard,
n'eussent pu surmonter les obstacles de la nature et en faire
un grand homme...., c'est son troisième paradoxe. Le faux en
paraît tenir à plusieurs raisons, dont voici les principales :
1° Il n'a considéré ni la variété des caractères, l'un froid,
l'autre lent, l'un triste, l'autre gai, etc.; ni l'homme dans ses
différents âges, dans la santé et la maladie, dans le plaisir et
dans la peine, etc. Une légère altération dans le cerveau réduit l'homme de génie à l'état d'imbécile; que fera-t-il de cet
homme, si l'altération, au lieu d'être accidentelle et passagère,
est naturelle? 2° Il n'a pas vu qu'après avoir fait consister
toute la différence de l'homme à la bête dans l'organisation,
c'est se contredire que de ne pas faire consister aussi toute la
différence de l'homme de génie à l'homme ordinaire dans la
même cause. 3° L'auteur ne sait pas ou paraît ignorer la différence prodigieuse qu'il y a entre les effets, quand les causes agissent longtemps et sans cesser. En un mot, tout le troisième Discours me semble un faux calcul, où l'on n'a fait
entrer ni tous les éléments, ni les éléments qu'on a employés,
pour leur juste valeur. »

Mais Diderot ne s'en tient pas là ; et dans des remarques
jetées, comme en courant, pendant son voyage en Hollande,
sur le livre de l'*Homme*, qui venait de paraître, il insiste de
nouveau sur les mêmes points, et s'exprimant toujours à sa
manière, sans beaucoup de mesure, mais marquant fortement
ce qu'il y a de faux dans la doctrine d'Helvétius, il s'écrie :
« Homme de génie, tu t'ignores, si tu penses que c'est le hasard
qui t'a fait; tout son mérite est de t'avoir produit; il a tiré

le rideau qui te dérobait à toi-même et aux autres le chef-
d'œuvre de la nature. Le hasard ne fait pas plus le génie,
que la pioche du manœuvre qui fouille les mines de Gol-
conde, le diamant qu'elle en extrait. » Ne voyant d'ailleurs
comme Helvétius dans l'homme rien que de physique, mais
y reconnaissant cependant en principe de telles différences
d'individu à individu, qu'il lui est impossible d'admettre
cette prétendue égalité que suppose l'auteur, il continue sur
le même ton, et dit : « Comment, vous n'entendez rien aux
deux grands ressorts de la machine (la tête et le diaphragme,
l'une siége de l'intelligence, et l'autre des passions), l'une qui
constitue les hommes spirituels ou stupides, l'autre qui les
sépare en deux classes, celle des cœurs tendres et celle des
cœurs durs, et vous écrivez un traité de l'homme ! Je me sou-
viens de vous avoir demandé comment on donne de l'activité
à une tête lourde ? je vous demande maintenant comment on
inspire de la sensibilité à un cœur dur ? Mais rien ne vous arrête ; vous me soutiendrez qu'avec ces deux qualités diverses,
les hommes n'en étant pas moins communément bien organisés, ils n'en sont pas moins bien disposés à toutes sortes
de fonctions. Quoi ! M. Helvétius, il n'y aura aucune différence entre celui qui aura reçu de la nature une imagination
forte et vive, avec un diaphragme très-mobile, et celui qu'elle
a privé de ces deux qualités ? » On le sait, tout ne peut se citer
de Diderot ; j'indiquerai donc seulement un autre passage
du même écrit où, parlant de l'homme puissant et ardent par
ses organes, il le compare à la bête féroce de Lucrèce, qui,
les flancs traversés d'une flèche mortelle, se précipite sur le
chasseur et le couvre de son sang. « Celui-là ne fera guère
d'élégies et de madrigaux, dit-il ; il veut jouir, il se soucie

peu de toucher et de plaire... Tâchez, si vous le pouvez, de me faire un poëte tendre et délicat de cet animal-là. » En abordant aussi, mais comme seul il peut le faire, un autre point bizarre et je dirai même honteux du livre d'Helvétius, car il s'agit des femmes considérées comme moyen de récompenses publiques et par suite de gouvernement, Diderot, dans la plus contenue de ses phrases, dit : « Quelque avantage que l'on trouve à priver les femmes de la propriété de leur corps, pour en faire un effet public, c'est une espèce de tyrannie dont l'idée me révolte, une manière raffinée d'accroître leur servitude, qui n'est déjà que trop grande. »

Mais c'est assez de citations ; et je demanderai à mon tour à donner quelques raisons. Je n'en proposerai toutefois que de très-générales, et qui n'auront rapport qu'aux points les plus essentiels de la doctrine dont il s'agit.

Ce qu'on peut avant tout y remarquer, c'est une confusion capitale. Helvétius croit à l'égalité naturelle de l'esprit des hommes, parce qu'il leur trouve en principe même sensibilité physique, même mémoire, même capacité d'attention, même activité de passions. Or, il n'en juge ainsi que parce qu'il prend en eux l'égalité pour la ressemblance. Tous les hommes en effet sont semblables entre eux, tous ont en commun les facultés qui concourent à l'esprit, tous ont l'intelligence, l'amour et la volonté. Mais est-ce à dire pour cela qu'ils soient tous égaux, et qu'ils aient originellement même aptitude pour sentir, se souvenir, désirer, se former enfin des idées ? Tous sont hommes, mais tous sont-ils le même homme ? tous n'ont-ils pas leur vocation, les uns plus, les autres moins marquée, mais dans la plupart toujours assez caractérisée pour qu'il n'y ait pas à s'y tromper ? l'inégalité est évidente entre eux ; mais Helvétius ne l'attribue qu'à ce qu'il appelle l'éducation ; or l'éducation en est sans contredit une des causes, mais elle n'est pas la seule, ni même la plus efficace ; car le plus souvent elle ne fait que développer et seconder la nature, et quand il arrive qu'elle la contrarie, elle n'en triomphe jamais tout à fait ; elle peut en adoucir, jamais en effacer les traits constitutifs et premiers.

Les plus grandes inégalités viennent au fond de la nature. C'est ce qu'Helvétius n'a point assez compris, trompé sans doute d'abord par ce principe de philosophie qu'il emprunte à son école, et qui consiste à supposer qu'il y a à l'origine table rase dans notre âme, absence de toute détermination, de tout caractère, de toute individualité propre ; trompé ensuite très-vraisemblablement par le sentiment qui le porte à ne vouloir de privilége et d'inégalité pour personne, et qui l'inspire sans doute, lorsqu'il dit que « l'amour du paradoxe ne l'a pas conduit à cette conclusion, mais le seul désir du bonheur des hommes. » Quoi qu'il en soit, Helvétius n'a bien discerné ni le rôle de la nature, ni celui de l'éducation, en attribuant tout à celle-ci et à peu près rien à celle-là, et en confondant sans cesse entre elles la similitude et l'égalité.

De l'égalité, encore une fois, où y en a-t-il primitivement parmi les hommes ? Est-ce dans l'organisation ? Mais il n'en est pas un chez lequel elle soit la même, et il en est dans lesquels elle offre les plus grandes différences. Chez tous elle se ressemble par le nombre et la disposition des pièces essentielles dont elle est composée, et par les fonctions qui y sont attachées ; mais chez aucun elle n'a même qualité, même jeu, même emploi particulier de ces pièces mises en rapport. Chez tous c'est le corps humain ; chez aucun ce n'est le même corps humain (1). Diderot l'a dit sur tous les tons à Helvétius, et il serait inutile après lui d'insister sur ce point; mais ce qu'il faut en conclure avec lui, c'est que par ce côté encore le système du livre de l'*Esprit* fait eau, et peut aisément être coulé à fond.

Quant à l'âme, pas plus que le corps, elle ne se prête à cette prétendue égalité que rêve Helvétius; chez tous elle est semblable, chez aucune elle n'est pareille. Chez tous elle a les facultés humaines : l'intelligence, l'amour et la liberté; mais chez aucun elle n'a même degré, même caractère, même direction particulière de ces diverses facultés; et cela dès l'origine et par première institution. Seulement, comme alors les causes de diversité sont à peine développées, leurs effets se distinguent moins; tout y est en puissance et en virtualité plutôt qu'en acte. Mais bientôt tout s'exerce, se développe et s'accuse; les nuances se marquent, les différences se montrent, les contrastes éclatent; et alors aussi dons de raison, germes de poésie, tour d'imagination, génie, heureux penchants du cœur, doux sentiments, grâce d'amour comme de lumière, tout semble le partage et le privilége de quelques-uns; tandis que sous les mêmes rapports d'autres paraissent moins favorisés, et d'autres moins encore, jusqu'à ceux qui sembleraient tout à fait déshérités, si on ne devait pas croire que Dieu dans sa providence a, pour toutes les faiblesses et toutes les infirmités, des trésors de bonté qui ne manquent à aucune, et un jour ou l'autre satisfont à sa sagesse et à sa justice.

---

(1) Aristote a dit dans ce sens : « Les animaux sont analogues, c'est-à-dire semblables avec des diversités. »

Voilà pour la prétendue égalité naturelle.

Quant à l'inégalité artificielle, Helvétius, qui l'admet seule, l'exagère et l'explique mal. Il l'exagère en ce qu'il y fait entrer ce qui évidemment appartient à l'inégalité naturelle; il l'explique mal, en ce que d'abord il comprend dans l'éducation, qui n'est à proprement parler que l'action librement exercée de l'homme sur son semblable, bien des causes qui évidemment n'ont pas ce caractère, le hasard en particulier, qui n'en a précisément aucun; en ce qu'ensuite il ne tient pas compte de cette autre éducation qu'en vertu de sa force propre l'homme se donne à lui-même, et par laquelle il peut aussi largement contribuer à cette inégalité artificielle.

Ainsi, de deux vérités, regardées avec raison comme constantes parmi les hommes, Helvétius nie l'une et entend mal l'autre. Ce n'est pas jouer de bonheur; c'est beaucoup trop donner à l'esprit d'hypothèse, et beaucoup trop peu à celui de juste et sage observation.

Et pour revenir maintenant d'un coup d'œil général sur l'ensemble du livre de l'*Esprit*, et en porter sommairement un dernier jugement: ce livre, quoi qu'en dise l'auteur, n'en est pas un de morale, au moins par le premier dessein; il n'en est qu'un d'idéologie, qui touche, il est vrai, à la morale, mais d'une manière accessoire seulement et par voie de comparaison. Trois questions y sont posées: Qu'est-ce que l'esprit en lui-même? quelle en est la valeur dans la société? quelle en est la répartition parmi les hommes? — A ces trois questions, trois réponses sont données par Helvétius, à savoir, que l'esprit, par la sensibilité physique de laquelle seule il procède, est une propriété de la matière; qu'il n'a par conséquent de valeur dans la société que celle d'une propriété de la matière, c'est-à-dire l'utilité; et qu'il se distribue en parts inégales, non par le fait de la nature, mais par celui de l'éducation. Or, rien de cela n'est vrai; l'esprit en effet n'est pas une propriété de la matière; il a une autre valeur que celle d'une propriété de la matière, et il est sujet à une double inégalité : l'une, beaucoup plus considérable, qui vient de la nature; l'autre, beaucoup moins prononcée, qui vient de l'éducation.

Tel est en somme le jugement que je crois pouvoir porter sur cet ouvrage, après le long examen dont il a été pour moi le sujet.

Ce jugement serait encore celui que je proposerais sur le livre de l'*Homme*, si, après tout ce qui précède, il était nécessaire d'en faire une étude à part; mais je n'en veux dire que quelques mots, qui suffiront certainement pour le faire connaître et apprécier. J'ai déjà rapporté ce qu'en pense Frédéric; voici de son côté comment en parle en quelques lignes Voltaire :

« C'est un fatras, dit-il dans une lettre à d'Alembert; j'en suis bien fâché, et il faut de grands efforts pour le lire, mais il y a de beaux éclairs. » Et plus loin : « Que vous dirai-je? cela me semble audacieux, curieux en certains endroits, et en général ennuyeux. Voilà peut-être le plus grand coup porté contre la philosophie. Si les gens en place ont le temps ou la patience de lire ce livre, ils ne nous le pardonneront jamais. » Ainsi s'exprime Voltaire, au fond aussi sévère que Frédéric, malgré l'exception qu'il semble faire pour les *beaux éclairs,* dont il est, je suppose, au fond médiocrement ébloui.

Un livre ainsi caractérisé et jugé par un écrivain qui ne demanderait pas mieux que d'être favorable à l'auteur, n'a certes pas besoin d'être longuement examiné. C'est ma raison d'être court.

Il se divise en dix sections, dont la première traite de l'éducation considérée dans sa diversité comme la cause de cette inégalité des esprits, attribuée jusqu'à présent à l'inégale perfection des organes ; la deuxième, de l'égale aptitude pour l'esprit qu'ont les hommes communément bien organisés ; la troisième n'est guère que la suite et que le complément des deux premières ; elle a pour objet la recherche des causes auxquelles on peut attribuer l'inégalité des esprits ; la quatrième s'occupe des passions comme cause de cette inégalité ; la cinquième est consacrée à la discussion et à la réfutation des opinions contraires à la sienne sur ce sujet, particulièrement de celle de Rousseau ; dans la sixième, l'auteur continue à combattre Rousseau ; dans la septième, en vue de sa thèse, il s'efforce d'établir la supériorité de la législation sur les religions pour le bonheur des hommes ; dans la huitième, il se demande en quoi consiste ce bonheur ; dans la neuvième, il s'agit d'un bon plan de législation ; et enfin dans la dixième, de la puissance de l'éducation.

On le voit, c'est à l'arrangement près le même fond de matières que dans le livre de l'*Esprit* ; et je n'ai pas besoin d'ajouter que c'est aussi la même doctrine ; il suffit d'y jeter les yeux pour le remarquer et s'en convaincre.

C'est pourquoi, comme l'ont d'ailleurs pensé plusieurs amis de l'auteur, il eût mieux valu qu'il ne fût pas publié ; car il ne dit pas autre chose, il ne dit pas mieux que le livre de l'*Esprit*, et en le répétant il l'exagère et ne le corrige pas ; plus didactique et plus sec, il a moins d'agrément et n'a pas plus d'exactitude, il a les mêmes défauts sans avoir les mêmes

qualités; surtout en certains endroits il ne paraît qu'ébauché.
Je l'avouerai aussi, il me semble que le désaveu, public et
explicite, qu'Helvétius, il est vrai, non sans quelque con-
trainte, avait fait de son premier ouvrage, eût dû être pour
lui un motif de réserve et même de silence sur les mêmes
matières. Il y avait de sa part engagement de ne pas retom-
ber dans ses premiers errements, de ne pas renouveler l'espèce de scandale dont il avait consenti à faire amende honorable. Or, la publication du livre de l'*Homme* était une sorte
d'infraction à cette parole donnée; et bien qu'elle n'ait pas
été de son fait, puisqu'elle n'eut lieu qu'après sa mort, elle
était dans ses intentions; sa préface en témoigne. Ce n'est donc
pas sans quelque peine qu'on le voit se mettre ainsi moralement en opposition avec lui-même, et ne point assez tenir
de compte d'une déclaration juridique, par laquelle il s'é-
tait lié.

Il est possible que d'un ouvrage à l'autre il ait eu des sujets de ressentiment et d'amertume dont il était d'abord
exempt, et que, comme il le dit quelque part, après avoir
quitté Paris tolérant, il l'ait retrouvé persécuteur; mais ce
qu'il y a de certain, c'est que dans sa nouvelle production
il montre en matière de politique, et surtout de religion,
une aigreur, un chagrin et parfois une violence qui rap-
pellent d'Holbach; on sent même de loin en loin, dans ces
pages mal ménagées, comme un souffle précurseur des terribles tempêtes qui éclateront à la fin du siècle au sein de la
société; son premier livre est plutôt, comme on dirait aujour-
d'hui, régence et Louis XV; le second a quelque chose des plus
tristes jours de la révolution. De l'un à l'autre, l'auteur ne
s'est pas perfectionné, mais il s'est irrité; le bel esprit a fait

23.

place chez lui à l'esprit de mécontentement et d'amère hostilité.

En philosophie même il se modère moins; il se déclare plus pour le matérialisme : c'est ainsi qu'il dit que le mot matérialiste est synonyme d'esprit éclairé, et qu'il se prononce aussi plus hautement en faveur de l'athéisme, comme quand il dit : « Tout le monde est athée, en ce sens que personne ne comprend l'incompréhensible. » Il lui reste toujours sa passion pour l'humanité et la liberté, mais elle est moins bienveillante, elle est morose et sombre; on y reconnaît un sentiment qui, offensé et blessé, s'emporte et s'égare volontiers.

Il y a une certaine expérience, une certaine connaissance des mauvais côtés de la nature humaine, qui a parfois sa profondeur; on ne saurait certainement la refuser à Helvétius, mais il n'y a pas lieu de lui en faire beaucoup d'honneur. A ne voir dans l'homme, quelque sagacité qu'on y apporte, que l'égoïste tout à ses sens, qu'une dégradation de la nature, il peut y avoir absence d'illusion, et même remarquable pénétration; mais il n'y a pas de grandeur. La grandeur est de voir en lui, avant tout, ce qui l'ennoblit. La grandeur est de s'élever et non de s'abaisser dans le spectacle de l'humanité; toute vue qui ne s'élève pas est petite, et, pour descendre plus bas, elle n'en est pas plus près du vrai, qui ne se sépare pas du bien, du noble et du beau. Helvétius n'a rien du génie de l'idéal; il n'a que le sens d'une fâcheuse réalité. Il lui manque la grandeur.

Veut-on maintenant que je fasse un peu plus particulièrement connaître le livre de l'*Homme* par quelques-uns des détails qu'il renferme? Sans prendre précisément au hasard, je m'affranchirai cependant de l'ordre suivi par l'auteur, et je choisirai çà et là les traits qui me paraîtront les plus propres à caractériser et à faire apprécier l'ouvrage. Ainsi, par exemple, voici avec quelle humeur chagrine il juge la France dans sa préface, et quel avenir il lui promet et lui souhaite en même temps : « Ce n'est pas sous le nom de Français que ce peuple pourra se rendre de nouveau célèbre ; cette nation avilie est aujourd'hui le mépris de l'Europe. Nulle crise salutaire ne lui rendra la liberté ; c'est par la consomption qu'elle périra ; la conquête est le seul remède à ses malheurs..... C'est vers le nord qu'il faut maintenant tourner toutes ses espérances ; de grands princes (Catherine et Frédéric) y appellent le génie, et le génie la félicité..... les soleils du midi s'éteignent, et les aurores du nord brillent du plus vif éclat. »

On sait son opinion sur les femmes comme moyen de gouvernement ; il y tient, et, en la défendant ici, il dit entre autres choses qui ne sont pas toutes à citer, et qui pourraient donner lieu à l'application de cette maxime qu'il émet quelque part : Qu'en livres comme en hommes, il y a bonne et mauvaise compagnie : « Si le pain peut être la récompense du travail et de l'industrie, pourquoi pas les femmes ? » Pour prouver que la sensibilité physique est de bien peu dans l'esprit, il nomme Voltaire, « dont la sensibilité, » dit-il, « n'est pas certainement aussi vive que celle des femmes, et Buffon, qui est myope, et qui ont cependant l'un et l'autre beaucoup d'esprit. » Singulière manière de démontrer que ce n'est pas la nature, que ce ne sont pas les sens, mais bien l'éducation, qui produit l'inégalité des intelligences ! Il fait nombre de reproches au christianisme, auquel il n'hésite pas à préférer le paganisme, comme plus convenable à la constitution de l'homme ; mais il épargne encore bien moins les ministres de son culte. « Qu'ils soient sots, » dit-il, « j'y consens; mais peut-on supposer qu'ils soient honnêtes? » « Que prouve leur conduite? » dit-il encore; « qu'il n'y a rien de commun entre la religion et la vertu. » Quoique sa doctrine de l'intérêt occupe ici moins de place que dans le livre de l'*Esprit*, on l'y rencontre cependant en plus d'un lieu, comme quand quelque part il dit : « Les partis, de même que les nations, n'estiment dans la justice que la considération et le pouvoir qu'elle procure ; » et considération et pouvoir, on sait que tout se résout, selon lui, en jouissances matérielles. Aussi nie-t-il la bonté naturelle, ou le sens moral de l'homme, et s'écrie-t-il : « Malheur au prince qui croit à la bonté originelle des caractères! l'homme de la nature doit être cruel; qui soutient la bonté originelle des hommes veut les tromper. » Il ne faut pas d'ailleurs oublier que c'est en parlant contre Rousseau qu'il s'exprime ainsi. On se rappelle comment Voltaire relève la manière dont il traite l'amitié. C'est à cette imputation qu'il semble répondre dans ce passage : « Tous les Français se vantent d'être des amis tendres. Quand le livre de l'*Esprit* parut, ils crièrent beaucoup contre le chapitre de l'amitié; on eût cru Paris peuplé d'Orestes et de Pylades : c'est cependant dans cette nation que la loi militaire oblige un soldat de fusiller son ami déserteur. » Toujours sa même manière de raisonner.

On ne s'étonnera pas de l'entendre parler de l'amour comme de l'amitié; il y a cependant un chapitre intitulé : *Quelle maîtresse convient à l'oisif,* qui passe les bornes; on y lit en effet ceci : « La chasse des femmes, comme celle du gibier, doit être différente selon le temps qu'on veut y mettre; la femme adroite doit longtemps se faire courir par le désœuvré. » Il a aussi sa façon de parler de Dieu, et, sans le nier directement, de ne pas cependant mieux l'admettre : « Peu de philosophes ont nié l'existence d'un Dieu physique, » dit-il ; « il n'en est pas ainsi du Dieu moral. L'opposition qui s'est toujours trouvée entre la justice de la terre et celle du ciel en a souvent fait nier l'existence. D'ailleurs, qu'est-ce que la morale ? le recueil des conventions que les besoins réciproques des hommes les ont nécessités de contracter entre eux ; or, comment faire un dieu de l'œuvre des hommes ? » Que reste-t-il à conclure de ce singulier raisonnement ? que le Dieu moral est vain, et qu'il n'y a que le Dieu-nature, ou plus simplement la matière et le mouvement comme principe et fond des choses.

Tel est dans quelques-unes de ses pensées, mais celles-là représentent assez fidèlement les autres, ce livre de l'*Homme,* pâle reproduction de celui de l'*Esprit* et qui le ferait presque regretter ; véritable rechute avec aggravation, après promesse publique d'être plus sage à l'avenir. Je n'en dirai rien de plus.

Toutefois je ne finirai pas sans faire une dernière réflexion, qui tempère, s'il se peut, la sévérité de mes critiques touchant les écrits d'Helvétius, par une justice plus douce, rendue de nouveau à sa personne. Je le répéterai donc, l'homme en lui n'eut pas les torts du philosophe ; et s'il faut même en croire plus d'un de ses amis, il partageait presque tous les prétendus préjugés qu'il tâchait de détruire, et son caractère, ainsi que sa vie, prouvaient contre sa doctrine. Sa faiblesse fut l'ambition du succès. Sa seule passion, dit un de ses contemporains qui le connaissait bien et qui l'aimait, était de passer pour le plus grand écrivain de son siècle ; à peine se con-

tentait-il d'une place auprès du président Montesquieu. S'il
la manquait, c'était fait de son bonheur. Aussi, si la célébrité qu'a aujourd'hui son livre vient de la défense qui en
a été faite, et non de la bonté intrinsèque de l'ouvrage, il
sera le plus malheureux des hommes (1). » C'est dans ce même
sentiment qu'il répondait à quelqu'un qui l'engageait à se
donner à la poésie : « Mon ami, la poésie est aujourd'hui
passée de mode; c'est la philosophie seule qui donne actuel-
lement la grande célébrité. » Or, philosopher pour la célébrité, pour la faveur du jour, pour le bruit du moment, en
un temps qui n'en était pas un précisément de sagesse, quoiqu'il valût mieux au fond que parfois on ne se plaît à le dire,
n'était-ce pas s'exposer à embrasser et à soutenir bien des
opinions hasardeuses, auxquelles faisait accueil un public
empressé pour tout ce qui s'annonçait à lui avec un certain
air de nouveauté et surtout de témérité ? Helvétius était un
galant homme, mais qui voulait plaire au monde, et lui plaire
en le flattant; il ne le pouvait guère qu'en disant comme lui,
qu'en lui rendant avec complaisance ce qu'il recueillait,
sans trop de choix, de ses propos familiers. Son esprit facile
et doux se prêtait sans peine à ce manége; il n'avait à vaincre en lui, pour s'y plier et s'y accommoder, aucune forte
originalité; il n'avait qu'à céder au penchant qui l'entraî-
nait.

Dans le livre de l'*Homme* il a fait un chapitre pour prouver qu'il était le disciple de Locke. Il l'était bien plus encore
de tout le monde, et la philosophie qui lui venait de ce

_____

(1) Collé, *Journal historique.*

maître d'un genre à part, et telle d'ailleurs qu'à son tour il l'habillait pour la lui rendre agréable, ne ressemblait que de bien loin à celle de l'*Essai sur l'entendement humain;* elle n'en avait pas surtout la gravité, la mesure, et la modestie. Helvétius eût peut-être été cartésien au xviie siècle, et il ne l'eût peut-être pas été comme Malebranche ou Arnauld; au xviiie il se trouve d'une école opposée, mais moins par force de raison que par imitation; et s'il est vrai qu'il ait dit le secret de tout le monde en son temps, ce qui est loin d'être exact, des protestations éclatantes en font foi, ce secret, il ne l'a pas trouvé, il n'a fait que le répéter.

On peut donc bien séparer en lui la pensée, qui n'est guère sienne, qu'il prend un peu partout, et sans grand discernement, qu'il ne transforme guère et surtout qu'il ne corrige pas, la séparer, dis-je, du cœur, de l'âme même, de l'intime personne, et ne pas trop lui imputer l'une pour mieux estimer l'autre : c'est là peut-être ce qu'il y a de plus convenable à faire en sa faveur, pour lui assurer la part de justice bienveillante à laquelle, comme homme, il a un droit incontestable. Mais si on le confondait avec ses ouvrages, si on ne le jugeait que par ses écrits, il faudrait lui être beaucoup moins doux, et même le condamner avec une ferme sévérité. Je suis donc heureux d'avoir pu faire loyalement à son égard cette équitable distinction.

PARIS. — TYPOGRAPHIE DE FIRMIN DIDOT FRÈRES,
IMPRIMEURS DE L'INSTITUT, RUE JACOB, 56.

www.ingramcontent.com/pod-product-compliance
Lightning Source LLC
Chambersburg PA
CBHW072020080426

42733CB00010B/1771